貧困克服の経済学

―グローバル化されたアジアの終わりなき挑戦―

楊 世英 著

現代図書

はしがき

経済成長は貧困をなくす有効な手段として使われている。アジアでは世界にも例のない移動革命が発生して、ヒト・物の移動により貧困が蔓延している。経済努力によって貧困緩和に成功したものの、貧困人口が依然として増え続けている。経済成長は社会の特質へと大きく刺激している。その影響や動きに対し事例を挙げながら解説し、とくに人口移動、雇用理論、社会福祉の観点から明らかにすると同時に、貧困の悪連鎖に陥ったアジアをどう見るべきか、アジア社会はこれまでにどのようにして貧困脱却に挑戦したのか、その過程を理論的に解説する試みが、本書の目的である。つまり、世界は何か起こったのかというよりも、なぜ起こらなかったのかが重要である。これこそが、この本を書く目的である。

いわゆる世界的貧困問題をどうみるべきか。世界経済全体の低成長の下で、成長国あるいは新興国の活気にもかかわらず、「雇用なき成長」時代に入っている。このような状況で、労働市場のサービスに伴った雇用の多様化（働き方の個性化）などが世界範囲に一挙に普及したことで、産業構造の転換よりはるかに早くから、働く貧困層（working poor）が誕生した。これはケインズ理論の影響よりも新自由主義の弊害が世界中に広がった結果、世界不安をもたらした。そのなかに雇用機会が絶対的に不足しているのは、根本的原因となっていると考えられる。そして女性の社会進出が世界の流動化を促進している。世界は一層不確実な状況に突入し、人口を含めてあらゆる状況の流動化が加速している。問題の本質は雇用機会の流動化にある。先進国の雇用機会が発展途上国（成長国）に流動した結果、先進国は雇用喪失となり、途上国ではそれなりの雇用機会が増えている。このような流動的な雇用機会を再分配できたのは、世界的グローバル化でもある。しかしこのようなグローバル的な雇用機会の再配分は貧困緩和に対して、良い機会を与えられたと言え、それほど雇用創出効果がなかったことは現実であろう。

本書では、アジアの経済発展と関連しながら、アジア社会の特徴、とくに貧困緩和を有効とするアジアの社会安全網を紹介する。アジア的社会安全網を解釈しながら、市場・資源の移動に伴った人的移動というようなシナリオでアジアを解説する。人口ボーナスから人口オーナスへと転換した世界は貧富の格差を拡大する一方で、資源を奪い合いした結果、世界不安に繋がった現実を解説する。いまのアジアは今後、どう再生できるかについて問題提起をしながら、アジアそのものを再認識する。そしてマンパワー、あるいは人的資源開発の新たな内容

（教育）に基づき21世紀アジアのあるべき姿を描く。富めるものが富めば、富が滴り落ちるという「トリタルダウン理論」はアジア諸国の現実とは異なり、いわゆるアジア的経済成長以来、経済の格差拡大が一方的であった。そもそも取りたるダウン的発想自体に問題があるかもしれない。

アジア諸国中に発生した新しいことを取り上げるのではなく、なるべく少ない分量で、その発生したメカニズム的なものが存在とすれば、その解説を試みる。この本を読むことによって、アジア諸国中の出来事を理解し、アジアを理解する力を身につけていただければ、と願う。ただし、アジアは幅広く、すべてを取り上げることは不可能である。なるべく自分の専攻のところ、または興味がある事例について述べる。著者がすべてわかるはずもなく、わかったところを読者に伝えていくことによって、自分にも勉強になることに間違いない。本書において、私見としていくつか見解や意見もあったものの、読者からのご批判やご指摘をいただけると期待している。

グローバル化が進んだ今日、ごく当たり前の国際的発想が現代大学生にはなかなか生まれてこない。長く教養教育に携わっているが、数多くの現代大学生の国際感性の無さを実感している。そもそものことが、本書を書こうという最初の趣旨でもある。
最後にこの本の出版を通じて現代図書編集部の須賀範子氏に大変お世話になりましたことを、特筆して感謝の意を表したい。

楊　世英

二〇一五年三月　仙台

目次

第1章　アジアの貧困克服と雇用構造の脆弱性

はじめに

言うまでもなく、アジア諸国は一九九〇年代以来、経済を活性化するために、市場の経済化や経済改革をキーワードにして世界から称賛された経済実績を遂げた。世界経済の牽引役となり「成長するアジア」と印象付けられた。それと同時に、アジアには中国・インドのような活発な経済成長国が集中している。そして、経済の同質化・地域統合が進み、経済成長の過程で所得の平等化現象が見られ始めている。(1)

たしかに、アジアは一九五〇年代以来、経済成長のお陰で社会が近代化してきた。それに伴って、アジア社会自身に隠されてきた、多くの脆弱化が見られるようになっている。停滞や貧困のイメージは払拭されたものの、経済成長に伴った医療・所得・教育水準の上昇が植民地時代とは異なった様相を見せるようになってきた。また、そのような社会体制とは異なり、多くのアジア諸国においては経済の市場化が進まず、所得再分配（制度）、労働（雇用）機会の分配といった面で「不平等なアジア」という印象をもたらした。とくに一九九〇年代以来のグローバル化の影響で、こうしたアジア経済社会の弱点が見られるようになった。このような考えの下、アジアの共通性およびその脆弱性を探ってみよう。

1. 成長するアジアにおける「貧困化」現象

近代経済史ではアジアは、「停滞と混乱」というイメージがあった。第二次世界大戦前、アジアが植民地化されたことから、国民所得や識字率、教育水準といった指標はかなり低かった。生存水準ぎりぎりで生活する人は少なくなかった。そのため、アジア諸国の多くは一九六〇年代以降まず、経済の近代化を目指して欧州を目標とした工業化産業政策を実施した。つまり、経済成長による「停滞と混乱」の局面を打開する手法として採用したのである。

究極な目的は歴史上で残された貧困問題を解決しようというものであった。しかし、60年間の経済発展史を振り返ってみれば、経済成長とともに貧困緩和ないし貧困撲滅に成功した国もあれば、それとは逆に、経済発展に伴った所得格差の拡大による「貧困の罠」に陥った国もある。つまり、経済成長という手段がよい処方であれば、必然的にそのようなことが起こるのかというと、そうでもなさそうである。例えば台湾や韓国では、大規模な工業革命がなくても農地改革により所得分配の平等化をもたらしたことは、今日も吟味する意味がある。これは、貧困緩和という目的を達成するためには、経済成長だけではなく一連の社会的開発も必要とするということを示している。

アジア諸国には一九六〇年以来、貧困との戦いが続いている。それにもかかわらず、貧困人口が依然として増え続けている。貧しい人々はさほど教育歴もなく、また技術取得するための最小限度の教育水準に達していないため、なかなか自立できない。社会保障制度が健全ではないから自分の老後は子どもに託すという選択肢しかないとしてその結果、貧困人口ばかりが増加してしまう。増え続けた貧困人口は食糧問題だけではなく、雇用機会の不足問題をもたらす。労働力人口は常に過剰供給状態であるため、経済全体の厚生水準がなかなか上昇せず、所得は低水準に留まっている。このような貧困の悪循環はアジア諸国の経済近代化を阻害しただ

けではなく、アジア諸国の社会的開発を遅らせている。(2)

結局、欧州の工業化の手法は、アジア諸国には適用できないのであろうか。アジアは多様性があるため、ある一つの政策選択をしただけでは、実効性を期待できない。というのも、アジアの各国は、経済発展の段階や社会的な成熟度、文化的な特徴、政治制度や歴史的な背景などにおいて相当異なっている。そのため、経済発展の「先行条件」はアジア経済を制約するものでもある。そもそもEUないし欧州では、共通の価値観をもっている。例えば、市場制度環境等々などが経済発展に必要な社会条件が揃っている。アジアでは、不自由、不平等のイメージのほうが強い。そのことによって社会的ストレスが増え、社会がしばしば不安に陥る要因ともなっている。そこで、欧州の立場からみるアジアではなく、アジアそのものが自ら考えていくシステム、歴史的しかもアジア諸国が自ら社会的・経済的特性に活用できる社会的開発システムが重要である。つまり、経済開発の遂行に伴い国民生活に及ぼす面を、例えば労働、雇用、教育などに関する社会的サービス体制を整備することである

アジア諸国では（日本を除く）、生産的過剰労働力が存在している。二〇一二年に開催された「リオ＋20地球サミット、国連持続可能な開発会議」のテーマは、持続可能な開発と貧困の撲滅であり、これからの経済としてグリーン経済を提唱している。ここでいうグリーン経済と

は、環境上のリスクを減らし、社会的公正を向上させる経済をいう。人類に苦難を強いることなく、多くの人々に繁栄をもたらすには持続可能な社会的開発が必要である。グリーン経済は持続可能な社会的開発を確立する手段であり、人類や地球の繁栄を確保するための戦略なのである。アジアにはどういう術（すべ）があるだろうか、ILO（国際労働機構）よると、よりグリーンな経済への転換は今後20年間に１５００万から６０００万の新たな雇用を生み、労働者を貧困から救い出すという。

アジアの経済社会を議論する際に、歴史認識からすれば日本をはじめとしたアジア的工業化は、アジアに経済的・社会的な大きな変化をもたらしたのは間違いない。それによって、医療・所得水準の上昇が実現した。しかし、それに伴って新たな貧困層が生まれたことも事実である。経済成長によって社会が豊かになるためには否定できないものの、経済理論上解釈できない部分が数多く存在している。アジア諸国ないし世界の殆どの国々は、経済発展と社会変動が連動している。従って、社会諸制度の整備が遅れているためアジア諸国は経済発展過程において、様々な歪みが現れたわけである。

そのようななか、アジア諸国の多くは高度成長後の低雇用問題をうまく解決できなかったため、加えて社会的開発（社会インフラ整備を中心に）が工業発展によりはるかに遅かったため、工業化の道に歩んだ途端、様々な「経済学的罠」に直面した。そして、このような「貧困の罠」の悪循環からなかなか抜け出させないことも事実である。勿論、アジアの人口転換の速度が速く、大量の偽装失業者が存在していることは否定できない。つまり、アジア諸国の人口爆発は急速な労働力の増加をもたらしたと同時に、雇用創出にも大きな影響を与えているのである。アジアの未来を考えるために、このような「雇用なき成長」が長期間が続き、なかなか抜け出せない事実も見逃すことはできない。アジア諸国は雇用問題に頭を悩ませている。雇用機会の提供は、貧困を緩和する第一歩でもある。なぜならば、貧困層が有する唯一の生産的資産である労働力の活用は、市場経済制度下における雇用実現が有効な方法であると開発経済学によって証明されているからである。

アジア諸国は二重経済構造をもっている。農業と工業の間には生産性格差が大きいため、農工間には労働力移動が一方的に流動している。このような農工間労働力資源の配置転換は、社会全体の効率性を向上させるはずだったが、既存の労働市場は硬直的で雇用調整において機能しておらず、都市への移動した多くの労働者が仕事に就けず、失業のまま貧困者になる(3)。アジア諸国では殆ど農業国であるため、農業従事者が多いものの農業生産性が低いので、農村に過剰労働力が大量に存在している。さらに、地主土地制度の残余など様々な制度要素の要因の制約で、流動性が非常に低い。また、都市部の労働市場が内部的であるために、工業化に成功するのに必要最低限の工業労働力がなかなか形成できなかった。これこそがアジア諸国における貧困の根本的な原因であると考えられる。

アジア諸国では労働力移動を阻害する雇用構造が問題の根本にある。そこで、まずアジア諸国の労働力移動を考える際に、二重経済構造理論を考えなければならない。産業構造の転換が産業間における労働力移動を同時に進行し、労働市場を通じて雇用調整が行われれば、工業生産性を上昇させ産業構造の高度化が達成できる。しかし、産業構造や経済体制が急速に転換する際、雇用構造（制度）を調整できなければ失業率が急速に上昇することにもなる。このとき、失業保険など救済措置がうまく機能しない場合、大きな社会問題になる。つまり失業保険は一時的なものである。

2. 労働市場の硬直性と「雇用なき成長」

一九六〇年代以降著しく経済発展を遂げたNICsや東南アジア諸国、成長国である中国・

インド、韓国、さらにアジアの唯一の先進国日本の国々・地域を意識しながら、それらの経済成長の特徴、工業化政策、通貨危機、所得格差、労働市場移行経済に絡んでの雇用問題を中心にみていきたい。また、アジア諸国においては様々な発展段階の国々が混在し、抱える問題も複雑である。諸々の問題を平易に、しかも従来の経済理論を対照しながら、構造的な問題について みてみよう。

まず、「雇用なき成長」現象が注目されているが、それにはいくつかの理由がある。アジア諸国では経済発展がスタートしてからすでに半世紀を経過し、貧困状態からの脱出したものの、依然として豊かな社会にはなっていない。その原因は、貧困から脱出できる手段として雇用を掲げたこと、つまり雇用規模拡大が所得水準の上昇に繋がるという発想であった。また、社会投資は雇用創出に効果があるとしたものの、実は、アジア経済のダイナミックスの発展は海外からの直接投資によるものであった。

アジアの国々が多様であることはいうまでもなく、一九五〇年代以来の現代アジアの工業化の進展過程を考察すれば、成功の例もあれば失敗の教訓もある。「東アジアの奇跡」のような世界から注目された事例があったものの、人口大国の中国・インド・インドネシアはいまも雇用問題に苦しんでいる。多様化したアジアの特徴は一概とは言えないが、一九六〇―七〇年代の高度成長以来、日進月歩のアジアが歩んできた道を考察してみると、少なくてもいくつか共通点があると言えるだろう。

アジアは、日本を除けば殆ど発展途上国であり、経済構造が依然として脆弱で、外部要素からの影響を受けやすい体質がそれほど改善しているとは言えない。一九九〇年代、グローバル化の潮流により、アジアはまさに世界経済の中心となったことで、世界工場としての中国、マンパワーのインドなど、低賃金労働を武器にしたアジア製品が世界を席巻した。しかし残念ながら、一九九七年のアジア通貨危機が、アジアの金融システムの脆弱性を露呈してしまったのである。金融破たんの連鎖による企業倒産が相次ぎ、失業率が急に上昇して今日までその後遺症が残っている。また、二〇〇八年、アメリカ発のリーマン・ショックにより通貨危機が再度アジアを襲来した。U字型回復していたアジア経済が、再び景気後退を余儀なくされたのである。産業構造として、高度化過程中において、労働市場のサービス化が未だ途上であったため、深刻な雇用調整問題に対応できなかった結果、大量の失業者が発生したのである。とりわけ雇用の受容性をもつ農業が打撃を受け、雇用回復のため今日まで、アジア全体で構造改革が進められている。言い換えれば、今日のような不確実性に満ちた世界経済のなか、アジア経済は持続的に発展できるような外部環境が確実たるものであるとは考え難い。しかし、アジア経済においてこのような脆弱性を克服することは、経済構造だけでなく、アジア社会全般に関する社会的開発が進まない限り、難しいであろう。躍動するアジアの歴史を踏まえながら、現実問題を見据えて、それらの共通点および隠された問題の本質を見出して、アジア経済社会への認識や理解を一層深いものとしたい。

アジア諸国の経済体制は今でも様々であるが、共通の方向性があったとすれば、それは、急速な工業化が成功したことといえるだろう。一九九〇年代以降、市場の経済化・経済の自由化を背景にアジア経済はダイナミックに発展してきた。そして、世界経済の同質化傾向がアジア全域に影響を及ぼしたものの、経済成長の過程で所得の平等化が進んでいないという現状もあるのである。貧富の格差の拡大による格差社会が形成され、貧困問題が再び提起されている。

3. 伝統的二重経済理論への挑戦

アジアの雇用問題がなぜ注目されるのかという問いに対し、次の4点を挙げておきたい。第1点は、一九九〇年代以後アジア諸国は低成長が続いたにもかかわらず、失業率が高止まりしていること。そして第2点に、アジア諸国は経済体制・社会体制は多様であるが、共通問題として雇用確保に悩んでいること。第3点では人口が大変多い一方、人口構造の転換は速いということが原因としてあるが、なぜ欧州のような経済成長と人口転換を同時に達成できなかったか。そして第4点は、アジアには経済発展過程中における所得配分の不平等化問題の原因が経済構造にあることを指摘しておこう。

「雇用なき成長」は、本来の経済理論では取り扱わない問題である。古典経済理論の主張では、経済成長が進んでいけば、長期的には失業問題が自然に解消される。つまり、失業率が経済成長とともに収斂していくはずである。アジア諸国の経済発展過程からみると、一九七〇年代を除いてアジア諸国は経済発展過程において雇用創出に十分に注意を払った。しかも一時完全雇用状態に近づいたことは周知の通りである。しかし、一九九〇年代以後、経済構造の高度化・サービス化は進展したが、失業率はむしろ、上昇し続けているというのが現実であり、アジアは多様であるとはいえ、雇用増加を伴わない経済成長は共通点の一つであろう。

また、アジアにおける経済成長と雇用増加に関する問題は、産業構造や工業化の歴史的経緯の考察を促してきた。いずれにしても人口要素や外部経済要素による雇用変容に大きい影響をもたらしたことがわかった。雇用の増減には、工業化との関わりが必ずしも明らかではない。

工業化という経済成長戦略が終わったわけではない、工業化を実験している最中の新興国経済の検証はむしろこれからである。

アジアについて考察する際は、歴史的・現実性を主眼に置き、よりアジアへの理解を深めるために、断片的ではなく総合的理解が必要である。おそらくこのような縦横交錯的議論が意義あることになると考えられる。アジア経済や社会を、立体的に理解することが望ましい。

アジアは雇用不足を乗り越えられるか。根本的には経済構造の転換をしなければならない。つまり、経済構造の高度化である。労働需要は派生需要なので、経済成長がなければ雇用創出はできない。しかし、グローバル化による世界的範囲で、生産周期が短縮することにより雇用問題の解決が一層難しくなる。

アジア諸国に関して多くの議論を短絡的に述べるならば、アジアは過去60年間の経済発展により着実に社会は進歩をしていたことは間違いなく、しかも真の豊かな社会、あるいは近代化社会になるためには、これまで以上の経済改革を行われなければならない。なぜならば、世界経済はより不確実要素が充満しているからである。

アジアは近代以来、経済発展が遅れたため、貧困状態に陥っていた。経済が自立できるように絶えず努力し、資本不足だった経済が成長できるように労働要素の増加が求められていた。一九五〇年代後半、アジア諸国において相次ぎ人口爆発があった。それは経済発展の離陸を必要とした労働要素が確保できたことを意味している。だが、それに伴う食糧問題・雇用確保に関してうまく解決できなかったため、労働力は過剰状態となり、国民全体の所得水準が低下し、貧困の悪循環に陥ってしまった。ここで注意することは、このような貧困状態は広範囲にわたって経済発展過程において悪影響を及ぼし、経済停滞をもたらすおそれがあることである。

アジアを語るキーワードとして「雇用」を取り上げることにしよう。なぜならば、一九九〇年代初頭からみられはじめている低成長・低雇用問題が今日まで解決に至らず、経済成長戦略にせよ、外部要素グローバル・マーケットからの影響にせよ、人口オーナスの原因となっているからである。

アジア諸国の工業化が成功しつつあったがゆえに、分断している労働市場を統一して整備することが急務であると言われていた。そして、その意見は、経済成長がさらに進めば、市場の力で解消できるということで、とくに必要問題視されなかった。ところで大変皮肉なことに、東アジアの奇跡にしろ、アジア通貨危機にしろ、それらは結局アジアの雇用問題に絡んでいる。雇用回復がなければ経済は回復しないし、経済成長しない。雇用回復は景気循環やサイクル、生産周期と関連している。そのため経済構造の効率性は、雇用規模の拡大・縮小を規定することが多い。つまり、経済構造が雇用を規定する要因なのである。アジアの工業化は多くの雇用機会が作り出し、人口増加し続けたアジア諸国の雇用に大きく貢献したにもかかわらず、一九九〇年代以来の、失業率がずっと高止まりして経済成長に見合う雇用が見られなかった。そこで、雇用なき成長ということが言われるようになったのである。

供給と需要の経済学からすれば、アジア諸国では常に労働供給過剰状態にあるのはもちろんのこと、需要不足を加えてより過剰状態になっていく。日本と異なり、アジア諸国の多くは未だ未成熟社会なので、ケインズ理論が描いたように、人々が貯蓄をすればするほど社会全体は逆に貧しくなっていくということは成立しない。その根本に、雇用不足問題がある。

経済学では、基本の考え方は資源制約と予算制約なのだ。だが、労働経済学では雇用問題が強調される。とくにアジア諸国では農村に多くの潜在的失業者が数多く存在していることから、産業が興ると、労働力を必要とされるため、雇用問題を解決する方法として採用されるようになる。

アジア諸国では一九九〇年代以後グローバル化によって競争の原理にさらされるようになっている。また、内部労働市場が弱く、外部労働市場の参入が容易になったように思われる。失業状況が一九八〇年代よりもさらに悪化していることには、なんらかの原因があると思われる。こうした状況を念頭に雇用不足の原因を考えてみると、経済構造の脆弱性による外部経済からの強く影響を受けているとしても不思議ではない。アジア諸国では高齢化社会が進んでいることから、雇用の不平等という傾向がみてとれる。アジアの雇用減は、急速とは言えないまでも、５％という完全雇用率をはるかに凌駕する。いわば経済成長はプラスではなく、それに見合う雇用増加が見られなかった。

アジアの雇用問題を特徴づけるとすれば、おおよそ次のように整理されてよいであろう。雇用構造は脆弱性をもっており、失業率は依然として高い。しかし、雇用構造に変化がないということではない。労働市場の、市場化に伴う雇用構造が、サービスをサービスとする構造に変化しなければならないということを意味している。アジアの雇用問題は、基本的に労働移動を通して工業・サービス業の雇用吸収力がアップしたもので、その中心は、農村の過剰労働力の解消ということであった。そして、それは二重構造を解消するために、場当たり的に、まだ続けられていると解釈したほうがよかろう。

それでは逆に、二重構造の解消を目指すのであれば、必然的に労働集約的経済成長による過剰労働力を吸収するようになる。そのようなことが起こるのかというと、そうでもなさそうである。インドネシアやフィリピンでは過剰労働力問題が解消されないまま経済成長を成し遂げ続けたことは、アジアの経済発展と雇用増加問題が複雑であることの証左であろう。また、経済成長が持続的になれば雇用問題はなくなるのかというとそうではなく、雇用は労働需要に応じて変化することであり、需給調整という過程は、通常、賃金メカニズムを利用して行われている。しかし、失業率の高止まりは労働過剰状態の一つの要因であり、これは労働過剰経済に限られ、労働不足状態にある国・地域では構造的失業が存在していることは否定できない。前者では、いかにして過剰労働を解消できるのかが問題となっている。雇用なき成長問題は、むしろアジア諸国に対する今後の課題である。

地域研究としてのアジア雇用問題は、古典経済学における長期・短期の考え方に基づけば経済発展過程において一時的な問題なので、持続的に経済が発展し続けると、雇用問題は経済成長により自然解消できると思われる。しかし、アジア経済社会は経済発展に数十年以上にかかり、依然として多くの国々が雇用問題に頭を悩ませている。雇用問題に起因した貧困問題は深刻さを増す一方である。たしかに、スミスの考えに従えば、自由放任・経済制度に任せることができる。アジア経済ないしアジア全体を考える際、固定的考え方を否定しない、多角的かつ実践的な考え方は有効ではなかろうか。

一九九〇年代以後、高い失業率が続くなか、古典経済学は現実的ではないとして、開発理論や経済発展段階論を問い直してみる動きがあった。基本的にケインズ理論を踏襲して、欧州の経験を参考にしながらアジア的AMLPs（積極的労働市場政策）を模索し、一時的雇用創出を念頭にして社会的開発が起こった。しかし、貿易輸出に依存する二重構造が解消されないまま、外部要素からの影響でアジアはグローバル化の波に呑まれた。要するに、ケインズ経済理論は欧州には適応するかもしれない。ここで、ケインズ経済の現実性を問われることになったのである。雇用問題が孕んでいるのはアジア独特の人口構造に関連する、という問いに対して経済政策の有効性が問われなければならない。実は、経済政策の転換や制度の移行はアジア諸国が一九九〇年代以後、実施された。しかし、移行経済に関する課題にはわからない点が多い。ベトナムはドイモイ（刷新）政策を実施し、計画経済を堅持しながら市場経済へと移行することによって労働市場の活性化を図り、雇用率を上昇させた。こうした制度変化が、政治決定論を超えなければならない。

アジアではとくに近年において「東アジアの奇跡」後も、ダイナミクスな経済発展を成し遂げつつ、世界から注目を浴びている。その原動力となるのは、中国・インド等新興国の持続的な高度成長であるとされる。しかし欧州ほどではないにしても、アジア諸国の高い失業率は一九九〇年代以後高止まりが続いており、一向に改善されないまま雇用悪化による貧困問題、社会問題にまで発展したことを見逃せないだろう。巨大人口を抱えながら経済発展が依然として途上にであり、蹣跚に辿りついた経済成長の道を続けるためは、雇用問題を克服しなければならない。この意味でもアジアの未来を考えるために、このような「雇用なき成長」が長期間が続き、なかなか抜け出せない事実は見逃せない。

また、アジアを論ずるに当たり、人口問題を避けることができない。世界の半分以上の人口を占めているアジアは、緑の革命以後、すべての経済的出来事が人口構造の転換に関わっているからである。食糧確保だけではなく、アジアの近代化の鍵となるのは巨大人口に如何に雇用機会を提供できるか、である。二重構造を解消するための試みや、東アジアの奇跡とまで言われた東アジア経済の発展は、こうしたアジア的難題に挑戦した。その結果はいうまでもなく、東アジアないしアジア全体においても、生産供給能力の規模拡大に成功しつつ、需給均衡を取れるようになった。一次産品を中心とした産業構造がドラスチック構造へと転換しているといってよかろう。つまり、アジア諸国では多かれ少なかれ、農業を単一産業とした産業構造から脱出したと言える。

アジア諸国では、経済発展の初期段階から二重構造の下で過剰労働力の解消を経済発展の目標としてきた。その実現手段には、工業化というコンセンサスがあった。しかし、未だ過剰労働力の解消には至らず、グローバル化されたアジア諸国の今日、一見経済繁栄と見えたものの、都市部でも雇用問題が深刻化しており、経済成長路線や開発戦略の軌道修正が求められている。

注

(1) アジア経済は世界では新興国の経済と共通点がある。それは①投資の拡大、実質利子率の操作による。②教育の普及、教育の普及が高成長をもたらし、高成長による所得上昇が教育の普及をもたらす。③農業の順調発展、土地生産性と労働生産性は一貫して上昇してきた。④輸出、輸出志向工業化、⑤開放政策などが挙げられる。民間企業をベースにする市場経済システムをとっているが、政府の介入はインフレ率が低かった、など挙げられる。

(2) 実は、アジア諸国の多くは、長期間にわたり、いまなお貧困状態におかれている。貧困ベルト地帯（Least Developed Countries: LDCs）や最後発国（ミャンマー、ラオス、カンボジア）が依然貧困に喘ぐ状態で、貧困化率が高い。貧困化率とは、収入が生活に必要な最低限の物を購入することができる最低限の水準にあり、娯楽や嗜好品に振り分けられる収入が殆どない状況におかれた人々が全人口に占める割合を示すものである。

（3）伝統的な解釈としての二重経済論は失業、偽装失業、発展途上国の「働く貧困層」（working poor）（失業：unemployment 偽装失業：disguised unemployment）とは零細農業を営んでおり、雑業に従事し、社会の生産への貢献が極めて低い労働、そして、労働の限界生産性が極めて低い労働者のことである。

第2章　アジアにおけるソーシャル・セーフティネットの脆弱性

はじめに

ソーシャル・セーフティネット（Social Safety Net 略称 SSN）とは、社会安全措置と言われている。本章はソーシャル・セーフティネットに関するアジア的特徴を分析するもので、その現状に触れながら SSN の特性とあり方について探る。[1] そもそもアジアにはいわゆる SSN という社会的安全網は存在するか否かに関して様々な意見がある。アジアでは発展途上国が殆どであり、社会体制も異なり、社会主義国家もあれば資本主義国家もある。国民所得水準も異なる。一言でいえば、アジアは多様である。そして、第二次世界大戦後以来も、域内の紛争、暴動、自爆テロ、地震・津波、鳥インフルエンザと、まるで災厄のオンパレードのようである。

つまりアジアは「混乱と停滞」のイメージがある。何と言っても、アジアの戦いは素晴らしいものであった。戦後まもない荒廃した国土で、社会資本インフラがほぼゼロというところからスタートした国づくりは、アジア諸国を困惑させてしまった。欧州の強国がすでに試した工業化の手法を導入して経済開発しながら都市化の過程を経て、アジア的二重構造を解消することによって、国民厚生水準の上昇を図った。しかし残念ながら、アジアでは経済離陸できるほど経済的初期条件が揃っていなかったため、経済開発論上の経済成長がみえなかった。加えてアジア的小農社会の残余影響もあり、アジア的経済近代化に大きな影響を及ぼした。アジア諸国で近代的ではない社会体制が、例えば君主制度または、都市部商業の未発達状態は、工業化あるいは資本主義経済化に必要とする市場は健全ではない。そのため、労働市場において雇用調整は機能せず、産業間における労働力の流動が行えなかった。その結果、労働力資源が有効的に配置できず、大量の過剰労働力が農村に滞在することになる。

1. SSNの原則とその特徴

SSNは、社会政策としては市場規律の下での自己責任の受容を原則としている。一般的には、SSNとは個人や企業の予想できないリスクへの対応のための社会政策プログラムを意味する。その代表は、雇用リスクに対する雇用保険や健康上のリスクにかかわる疾病・労災保険である。しかしアジアにおける多くの発展途上国では、経済体制を問わず、国民所得は低水準のまま社会資本整備が遅れ、市場制度・市場システムも未整備のまま、経済開発に突入した国々が多かった。市場整備に手が回らないのは現実である。そして、市場メカニズムの不備による所得分布の不公平等、あるいは構造的な貧困問題に対処するための通常の社会福祉プログラムが欠如してしまったケースはしばしばある。

確かに、現代アジア社会においてはいうまでもなく、経済体制を問わず、その制度やシステムは脆弱であり、特に経済の外部性から考えれば、非常に弱いと言わざるを得ない。これは、一九九〇年代のグローバル化の影響で、アジアは新たな国際分業の流れのなか、労働集約製品の拡大による生産供給能力が一段と拡大したものの、先進国との生産性格差が急速に広がることにより所得格差が拡大していたことで証明できるだろう。当然このような現象は、様々な政治的・経済的要素が含まれている可能性は否定できない。加えて、経済システムそのものに関するメカニズムの解明はできていない部分がある。つまり、アジア経済システムは今なお未完備状態にあるのである。経済現象として、経済成長は停滞し景気後退による労働需要が減少し、大量の失業者が発生することになる。この場合、SSN が未整備であれば、その弊害がマクロ的危機をもたらしている可能性がある。例えば、慢性的な所得稼得能力の低さやライフ・サイクルによる稼得能力の低下により、社会が急速に階層化し、格差社会が形成されることとなる。

アジア諸国は、高度経済成長を達成する前に高齢社会に突入したことで、SSN を整備するための財政力がないため、SSN の構築はほぼ不可能であると思われる。その直接原因は、アジア各国では市場メカニズムの不備による SSN は機能しないことが問題となっている。その結果、所得分布の不平等（格差社会の形成）と構造的な貧困問題をもたらした。そこで、政府は、このような格差社会を是正するために、生活保護（救貧プログラム）・奨学金・住宅制度・食糧補助・年金プログラム（税方式）、政府活動の拡大を図る。そしてそれは、結果として大きな政府になることが、しばしば指摘される。

アジア諸国で SSN を考える際、しばしば欧州の経験を参照する。つまり、西欧ではナショナル・ミニマム（national minimum）・シビル・ミニマム（civil minimum）が意識されている。アジアのSSNの基準となるのは、最低水準・生活環境水準に適応することができるのかということである。このことから、市場に配慮する欧州のSSNの考え方は、アジアに適用しない。それは、市場メカニズムでは最適解に到達できないことによって国民の所得分配の不平等問題が起こり、それは直接に貧困問題をもたらすからである。また、アジアでは様々な市場・政府の失敗や発展に必要な物的・知的・制度的なインフラの不足によって生じる構造的な貧困に対して、最低限の生活を保障するのは難しくなる。アジアではSSN整備が遅れているため、無理に欧州の経験を真似するのは効果がない。アジアの発展途上国は経済成長を目指しながら、制度整備過程において欧州の経験を参考にしなければならない。あくまでも経済成功は大前提である。アジア的SSNの財源としては、政府の税方式で税金を吸い上げて、再分配することでSSN財源を確保するという考え方である。政府の税方式に伴う奨学金制度・住宅制度および生活保護救貧プログラム、食糧補助、年金プログラムなどを挙げられることができる。しかし、政府は政策自体にも欠陥があるから、殆ど実現できないのは現実である。

2. SSN の現状とその問題点

20世紀前半までの資本主義は発展から失敗まで経験した。そのなかで、ワシントン・コンセンサスが挫折し、市場万能論が否定されるようになった。(2) なぜかというと、経済成長による経済繁栄をもたらしたと同時に、深刻な雇用と貧困問題をもたらしたからである。そして、一九九〇年代になると、世界各国では、とくにアジア諸国では人口構造の変化による少子高齢化社会に突入した。経済構造が成熟していない段階において、社会構造の変化は経済成長を圧迫するようになる。国民所得水準は依然として低水準のままで、少子高齢化社会に入ったのである。そのようななか、アジア諸国は相次ぎ、福祉国家を目指した。とくに日本という世界超長寿国家は、人口負担率が急上昇し、景気がデフレ状態に陥ってなかなか抜け出せない状態が続いている。いまも安部政権により大胆な金融緩和政策が行われているが、2%というインフレ目標の達成は至難の業でもある。なぜかというと、経済成長戦略が立っていないうちに、物価指数目標を設定した金融緩和政策をすることにはリスクがあるからである。企業が大規模な設備投資を行っても、市場の反応は直接雇用に反映できるのに時間を有する一方、市場の不確実要素があるからである。そこで、日本はいまだ経済問題に苦しんでいる。

福祉国家の成立条件として中核的な役割は、SSN が構築できることである。[3] しかしアジア諸国における SSN は、例えば雇用調整機能が整備されていない。市場を介さない豊かさを実現するために模索し続けていたにもかかわらず、アジアはいまだ経済発展途中だと言わざるをえない。その一つが SSN の未整備であり、一九九〇年代のアジア金融危機によって、その問題がより明らかにされた。当然、SSN は単純に使用価値あるいは交換価値だけに関わるのではなく、その社会において制度変化、とくに政治制度・経済制度にも緊密に関連していると思われる。要するに、アジア社会は豊かな社会になるために、その脆弱性（SSN の不備）を克服することが不可欠であり、まずアジアの地域研究と厚生、そして制度整備を大変必要としている。

SSN の研究の前提としては、労働市場制度の整備だと言われている。これは、あくまでも欧州の経験であるし、決してアジア諸国に適用できるとはいえない。例えば、アジア的 SSN を成立するための条件とは、必ずしも同じではない。経済構造が未成熟な段階においても、SSN の整備は可能である。つまり国民所得低水準にありながら、人口規模に合致する SSN の整備はアジア諸国が試みたことは、評価する価値がある。この意味で、アジア経済・社会発展が成功していると考えられる。つまり、アジアモデルが成立する可能性があるのである。[4] それらの国々の経験から言えば、まず産業政策等による積極的な政府介入により、経済規模が急速に拡大できたことと、市場の友好（market friendly）は市場機能が効率的であったことである。市場への対話という欧州モデルは、アジア的工業化に対して多くの示唆を与えてくれた。アジアには経済開発において、開発独裁という権威主義の影響はいまも残っている。それと同時にアジアにおける共同体的シェアリング・システムが有効であることは、アジア的SSNの構築に対して大変有意義である。しかし、一九九〇年代の市場自由化・規制緩和など経済外部要素の影響は、国際貿易や資本市場の発展などアジア経済に対してよい機会を与えてくれた。

アジア的SSNを研究する際に、その研究手法および研究する意義は何であろうか。周知の通り、アジアは人口・社会・経済・政治体制など多様性をもっている。しかし、経済構造の脆弱性による典型的植民地型モノカルチュア経済による単一就業構造は、いまだアジア諸国を苦しめている。そして、雇用構造への影響は大きい。またアジア伝統社会、いわゆる小農社会のコミュニティーが崩壊し、伝統的な雇用吸収力のクッションと言われた農業が衝撃を受けて、労働力の吸収ができなくなっている。農業技術の普及も雇用減を促進した。アジアはいかにして制度的枠組みを乗り越えるか、SSNの構築は課題となっている。しかし、経済学による衝撃は大きい。経済開発、いわゆる工業化は伝統社会を崩壊させた。とくに一九九〇年代、世界範囲のグローバル化の潮流の影響は新自由主義が弱肉強食を強いて、生産供給能力は急速拡大した一方、生産性格差に起因する先進国と途上国の間の所得格差が一層広がってしまった。

しかし、アジアのSSNに関する先行研究の少なさは周知の通りである。研究の困難さは、とくに社会史的研究において大変難しくなっている。研究意義としては、アジアの金融・労働市場の自由化に対しての方向性、および政財官の癒着の下でのクローニィ資本主義からの脱却が有意義である。しかし、アジアにおける雇用・企業システムの脆弱性をどう克服するのかが、決して容易ではない。まず、労働需給構造への是正が第一歩である。アジアの膨大な過剰労働人口に雇用機会を提供するのは、それなりの経済成長がなければ無理である。アジアの産業構造を考えれば、労働集約型のような産業構造が望まれる。

アジアのSSNの問題点と基礎研究に関しては、まず、雇用はSSNにどのような影響を及ぼすかを理論的に解明するよりも、実証分析が重要である。雇用システムの脆弱性自体も明らかにするためには、雇用構造の特徴を掴むことが研究分析の前提となっている。雇用問題は、直接貧困問題と関わり、失業者が貧困者にならないようにすることがSSNの本来の役割であった。SSNは厚生経済学の範疇に属しているが、社会救済をメインプログラムとしている。しかし、アジアは市場主義志向国家が殆どであるから、規制緩和による小さな政府を達成するのは、決して容易ではない。促進と補完の両者が双方に作用しながら目指すのは一般的ではあるが、政治体制からの影響は否定できない。とくにアジアの政官癒着構造はその点、難しい。アジアの外的ショックに対する経済的脆弱性は、この点にある。脆弱化したSSNに起因したアジア社会の階層化に関して、上層・中間層・下層と分類すれば、階層化したアジアの社会に残した最後の砦は、SSNであると言える。

基礎研究の到達点として、制度研究の障害による重要なファクト・ファイディンクがある。まず失業保険の未整備によるモラル・ハザールの危険性がある。(5) そして、伝統的な村落共同体や、家族・血縁内の相互扶助に期待する傾向が現れている。しかし、崩壊体制の修復は可能かどうかは、未知のものが多い。その基礎研究として挙げられるのは、社会福祉プログラム（法制的インフラの整備）、雇用創出プログラム（直接的なスペンディング政策による失業救済・雇用安定化、補助金制度の限界、雇用調整、伝統的な農村共同体の労働力吸収力、労働市場の不完全性や非競争的雇用慣行などである。(6)

アジアのSSNの未来については、農村共同体や地域内相互扶助組織の加速による解体に伴い、ビバレッツ以来の通常型の社会福祉プログラムはファイナンスの面で拡大が困難になっている。また、資本や熟練労働者の国際間移動）や一時的所得リスク以上に、従来型の構造的貧困の問題が根強く残っていることから、貧困化のおそれ、とくに権威主義とポピュリズムの差や経済成長政策の失敗による社会への衝撃（政治経済学的要因分析が必要）に注意が必要である。特に貧困層の肥大化による経済開発戦略の影響に関する事例研究は今日のアジアに対して第一歩であろう。

3. SSNの構築と人間の安全保障

アジア諸国は、SSNへの対策として雇用・社会保障に関する官庁と法制度の整備や雇用法・労働組合法・賃金協議会法・従業員積立基金と従業員社会保障制度など、法的制度の整備によってSSNの構築に力を入れている。

一九九七年のアジアの通貨・経済危機による雇用への影響を事例研究としている。経済停滞による株価低下や資産株価下落は銀行の不良債権を拡大させ、貸し渋りなど、経済全体の需要減退で企業が経営不振に陥って、労働需要が高止まりで失業者が発生する。通常であれば、この時期においてIMF的な財政・金融の緊縮政策を採用する場合が多い。一旦景気が落ち着いたら、経済政策が景気刺激政策へと転換する。例えば、財政拡大と金融緩和による企業融資が容易になり、設備投資が活発になることによって生産供給力が急速に拡大する。労働需要が生まれ、失業率が下がる。

一九九七年のアジアの通貨・経済危機は、金融危機とも言われた。現代経済において、金融が企業支配することになったのである。金融システムは非常に脆弱化している。銀行の貸し渋り、正雇用への影響により労働需要が落ち込んで、失業者が倍増して実質賃金が減少した。雇用創出の政策は十分ではないと考えられる。同時に、最低賃金の設定がないから、解雇規制が行われない結果、失業者増加に繋がった。

急速に豊かになってきた発展途上国の社会において、社会的弱者はどこにいるのか、SSNの議論と公的な制度の整備を進めることが重要なのである。これからのアジア経済社会は、これまでのようにアジア型経済成長を目指しながら、SSNを整備した福祉社会を目指すのは基本である。そのなかで成長社会を目指す東南アジア諸国、中国、インド、パキスタンと、福祉社会・成長社会を達成しようとする日本と韓国がある。

マクロ経済理論では、国民の貯蓄、銀行預金・株投資は直接・間接的に経済成長に寄与する。しかし、現実では、アジアの発展途上諸国では国民貯蓄が低いため、外国資本に頼るしかなかったため、貿易を通じて世界からの資本がアジアに流れ込んだ[7]。

また、SSN の問題を人的資本・教育に関連付けて論じる。SSN に関して、アジア諸国の現実としては、まず失業保険制度それ自体は未整備である。東アジア諸国では、アジア金融危機以前から、そして金融危機以降現在に至るまで、概ね未整備である。しかし、労災・医療保険は殆ど導入済みである。失業保険がマクロ的ショックによる失業や貧困に対応するための手段であるならば、リーマン・ショック後の中国の事例を検証する必要がある[8]。

SSN の必要性と役割として、ショック吸収メカニズムを構築することは重要である。つまり、伝統的な農村共同体の労働力吸収力である。すなわちマクロ的雇用・所得ショックに対して都市の労働者が農村に帰り、そこでの所得・雇用シェアリング・システムの下で一時的シェルターを得るというメカニズムである。東アジアにおける農村のショック・アブソーバー機能は、韓国では成功している。だが、中国では機能せず、これは、東アジアの農村が都市にくらべて圧倒的に貧しいことによるものである[9]。

アジアの SSN の未来を考えると、SSN 導入は急務である。アジアは経済成長に伴って、農村共同体や地域内相互扶助組織が急スピードで解体している。農村の雇用のクッションとしての機能も低下している。人口の高齢化もさし迫った問題となっている。都市化に伴う様々な新しい社会問題やリスクも増大している。とくに、リーマン・ショックのような経済外部要素からの影響によってアジア経済構造の脆弱性は、一気に露呈してしまった[10]。

東南アジアは世界のなかでもグローバル化が最も進んだ地域と言われている。原因は、貿易と金融の自由化がかなり進んでいるからである。ILO（国際労働機構）は、この地域の貧困をなくすことが最大の課題であり、社会福祉の整備以前に、人々の職業能力を高め、経済力をつけることに力点を置いた支援をしている。この地域（東南アジアの国々）の雇用の創出を図りながら、貧困からの脱出を目指すことが最優先の課題となっている[11]。

SSNの整備とセットで積極的労働市場政策（Active Labor Market Policies：ALMPs）が知られているが、これは、労働市場に政府が積極的に介入して失業率を少しでも低下させようとの考えである。アジアの労働市場の「民営化」は労働市場の機能を高める一方、失業者を大量に増加させる可能性がある。そのための社会的対話の促進が必要である。社会的なカウンターパートとして、労働組合が社会的な役割を担えるように改革を進める必要がある。また、社会保障制度、社会的安全網の整備が必要である。

ILOが特に力を入れたのは、雇用拡大のための公共事業の推進である。貧困地域の雇用創出策として効果的な、生業的な零細企業の育成では、少額融資面での与信を与や、職業訓練や市場調査などを支援するなどに力を入れて雇用創出に繋いだり、外国投資を促進するようなビジネス環境の整備にも力を入れている。

アジアの国々が必要とするSSNは、経済発展に見合ったものを考えるべきだろう。社会的に保護するSSNは大事ではあるが、それらと関連する諸政策の統合化されたパッケージが必要と考えている。

注

（1）ナショナル・ミニマム（national minimum）とは、国家（政府）が国民に対して保障する生活の最低限度（最低水準）のことである。日本の場合、根拠として日本国憲法第25条がある。これを保障するための社会政策は、生活保護法など数々あるが、それらを総称して「セーフティネット（安全網）」と呼ぶ場合がある。なお、国家として保障するものを「ナショナル・ミニマム」というが、地方自治体単位での最低限度の生活水準（生活環境水準）については「シビル・ミニマム（civil minimum）という。ただしこれは和製英語である。SSNは不確実な事象の生起によって、人々の生活水準がナショナル・ミニマム以下に低下する場合の対応措置である。

（2）ワシントン・コンセンサスとは、市場における自由な競争とそれを支えるアメリカ型経済制度が他国の制度よりも優れているという理解に基づいて進められる経済改革のプログラムで、IMFが通貨危機に陥った国に融資の条件として要求するのが通例となっているものである。その主たる内容は、財政赤字の削減、金融自由化とする金融改革、貿易自由化、国営企業の民営化、規制緩和、株主の権利保護のための企業経営、法制度改革（ガヴァアナンス）である。

（3）Lal（1994）、Subbarao et al（1997）の福祉国家論（welfare state）が示唆したように、いわゆる生産的福祉とは、あらゆる国民が人間的尊厳性と自矜心を維持することができるよう基礎的な生活を保障すると同時に自立的かつ経済・社会活動を参与しうる機会を拡大し、分配の衡平性を高めることで生活の質を向上させて、社会発展を追求する国政概念である。市場を通じて公正になされる一時的な分配、国家を通じて再分配、国家と市場の相互重複領域でなされる自活のための社会的投資という特性をもっている。

（4）ここでは、主に日本・韓国・中国経済モデルを指す。

（5）マクロ的ショックによる失業や貧困の際に、いわゆるモラル・ハザードの危険がある。モラル・ハザード（moral hazard）とはプリンシパル＝エージェント問題、経済学のプリンシパル＝エージェント関係（使用者と被使用者の関係など）において、情報の次対称性によりエージェントの行動についてプリンシパルが知りえない情報があることから、エージェントの行動に歪みが生じ効率的な資源配分が妨げられる現象。「隠された行動」によって起きる。保険によるモラル・ハザード。保険に加入していることにより、リスクを伴う行動が生じること。

（6）ここでは、雇用調整はマクロ・セクトラルな予想されないリスクに対して、経済に内在的に備わっているショック吸収メカニズムを意味している。

（7）一般的に所得水準の低い開発途上国の場合、国内貯蓄率が低いために投資率も低く、それが停滞の原因となって貧困の悪循環を形成する。

（8）中国はリーマン・ショック後、帰農現象が起こり、失業保険の従来の機能を果たせなかった。失業保険のモラル・ハザードが機能せず、伝統的な村落共同体や、家族・血縁内の相互扶助に依存する傾向である。

（9）ショック・アブソーバー＝shock absorber＝振動する機械構造や建造物の振動を減衰する措置である。ダンパー（damper）とも呼ばれる。

（10）グローバリゼーションの下で、人々は一層海外からの経済ショックを受けやすくなっている。例：foot-loose な有産階級やプロフェッナショナルと、国境（national border）を越えることのできない一般労働者の間の外的ショックにさらされる程度の差が拡大してきている。

（11）一般に、貧困対策としての政策措置は「一層多くの雇用機会を提供すること、社会正義と生活効率とを促進するために所得及び富の一層公平な分配を実現し、雇用水準を大幅に高め、一層高度の所得保障を確保し、教育、保健、栄養、住宅および社会福祉のための施設を拡張改善し、並びに経済発展を符合する」と指摘されている。

第３章　積極的労働市場政策 ALMPs

はじめに

前章でも述べたが、ソーシャル・セーフティネット（SSN）とは、社会安全措置とも言われている。社会政策としては市場規律の下での自己責任の受容が原則である。一般に SSN とは、個人や企業の予想できないリスクへの対応のための社会政策プログラムを意味する。しかし SSN の構築は労働市場の完備を前提としているが、アジアの労働市場は殆ど整備されていない。SSN の構築には強力な財政基盤を必要としていることから、むしろアジアはまず経済成長を持続させ、社会資本整備により財政強化することが、その第一歩である。本章では SSN と労働市場の関係について述べていきたい。健全な労働市場の整備は、SSN を構築するための前提条件であるからである。

1．ALMPsとは

SSNの代表は、雇用リスクに対する雇用保険や健康上のリスクにかかわる疾病・労災保険である。市場メカニズムの不備による所得分布の不公平等、あるいは構造的な貧困問題に対処するための通常の社会福祉プログラムでもある。つまり、最低限の生活を保障するためのプログラムであるSSNは不確実な事象の生起によって、人々の生活水準がナショナル・ミニマム以下に低下する場合の対応措置なのである。SSNの役割とは、経済がマクロ的ショックを受けるときに、そのマクロ的ショックを吸収し、景気回復を図る基礎でもある。そのショック吸収メカニズムを構築することは重要である。一九九〇年代以前は、伝統的な農村共同体が労働力吸収力であった。すなわち、マクロ的雇用・所得ショックに対して都市の労働者が農村に帰り、そこでの所得・雇用シェアリング・システムの下で一時的シェルターを得るというメカニズムである。SSN導入の必要性が増加している。経済成長に伴って、農村共同体や地域内相互扶助組織は急スピードで解体しており、農村における雇用のクッションとしての機能が低下しているとともに、人口の高齢化もさし迫った問題となっている。また都市化に伴う様々な新しい社会問題やリスクも増大している。グローバリゼーションの下で、人々は一層、海外からの経済ショックを受けやすくなっている。そして21世紀末以来のグローバリゼーションと市場化の進展は、アジアに新たな経済成長機会をもたらしたと同時に、とくに過剰人口を抱える地域では、それを補完する制度的装置としてSSNの充実を必要としているといわれる。SSNの機能が制度変化と雇用増加に繋がるのかについては、一層研究の必要があると思われる。

SSNの主要な内容である積極的労働市場政策（Active Labor Market Policies: ALMPs）は、よく知られている。労働市場に政府が積極的に介入して失業率を少しでも低下させようとの考えである。そこで、労働市場の「民営化」を通して労働市場の機能を高めることになる。[1] ALMPs（Active Labor Market Policies）とは、消極的労働市場政策（Negative or Passive Labor Marked Policies）と相対して積極的な労働市場政策のことである。ここでいう「積極的」というのは、良い労働環境に恵まれない労働者（労働意欲ある労働者を指す）に労働機会を提供して（作り出して）、あるいはいまの労働環境を改善することによって労働者の就業を促進することである。つまり、政府の政策介入による雇用環境づくりということである。ここでは、労働者が労働市場へ参入しやすくするために、労働市場の機能整備に重点をおくことである。

これに対して消極的労働市場政策では、政府は景気変動による失業状況への影響を判断して政策介入を行うのではなく、完全に労働市場の調整機能に依存している。つまり、経済成長過程において好景気である場合、失業率は下がり、不況の際は、失業率が上がる。こうした景気循環プロセスによる失業者に、救済という目的で支援する。これらの支援（給付金など生活支援）による失業者は安全に労働市場から退場することができる。

経済政策からいえば、ALMPsとは、政府が失業者が新たに労働市場に参入できるように積極的に支援することである。在職者も含めて職業訓練を通じて労働技能の向上、新しい仕事を適応する能力を高める政策措置である。その主要内容は次のとおりである。①無料で失業者に就業サービスを提供、②無料で職業訓練を行う（訓練期間では特別給付金を支給し、生活を支援する場合もある）、③既存の失業保険制度を改善する、失業保険では基本的に失業者の基本生活を維持することが目的である。理念として、失業保険は失業者の生活を一時に救済することではなく、労働者が速やかに労働市場に再参入できるように支援するものである。このような社会行動（企業行動・個人行動など）を促す。あるいはそれに関連する活動を奨励し、サービスを提供する。④企業側に、雇用補助金を支給する。失業者を雇用する際、人数などに応じて補助金を支給する。失業者の職業訓練を行い、再就業できる人員も対象とする。⑤創業環境整備、例えば創業プロジェクト・中長期雇用計画などを経済成長戦略に取り入れて雇用増加を図る。⑥再就業を目的とした一時的雇用計画（例えば、ワーキング・プア）などを実施する、などが挙げられる。

以上述べた政策内容は、これまでの工業化市場経済国が実施した消極的労働市場政策と違っている。いままでの政策では失業者に給付金を支払い、つまり失業者に福利厚生を提供したことによって失業者の労働市場への復帰を目的とした。要するに、失業者の福利厚生水準を維持することにより失業者の労働市場への復帰を促し、失業者が失業期間において基本生活水準を維持するというものであった。

このような政策転換は、労働市場における市場メカニズムの導入であり、就業サービスの充実を図る。本来、失業者の就業手段というミクロ的な個人行動が政府のマクロ政策と融合するという、ユニークな発想転換である。その目的は、職業訓練などを通じて積極的に雇用促進し、失業者を一刻も早く労働市場に復帰できるように手当を行うことであり、最終的には、失業率を下げて完全就業に目指すということである。

2. マクロ経済成長とインフレ抑制

こうした理念転換は、一九六〇—七〇年代の経済情勢の変化に関わる。一九六〇—七〇年代、経済発展に新たな変化が見られた。

まず、マクロ経済成長は新たな均衡成長に遂げる最中に、インフレ抑制政策の失敗で総需要調整のための財政政策や貨幣政策は、完全就業の目標に直接影響している。さらに、部門間・地域間の格差拡大で若年者の失業率が急速に高まった。同時に、経済停滞によるインフレが上昇したため、欧州諸国経済全体に大きな打撃を与えた。これに加えてグローバル化の進展や国際分業の加速は、それに対応できる経済体制を求められているから、産業間における労働力調整は国際経済情勢の変化に応じて頻繁に流動しなければならない。各工業化国家および経済組織は、次第にこのような共同認識ができた。つまり、相対的就業不足は過去のように短期間において解決できることはほぼ不可能となっている。労働力が地域間・産業間で流動するように、労働力供給構造は労働需要構造と適応しなければならない。そして、競争の熾烈化による企業間の労働力流動は必至であり、衰退産業から新興産業への労働力移動は重要となっている。また、地域間における労働力の需給構造の不均衡状態から、（雇用不足と過剰供給を解消するためには）全体的に労働力の適応性を上昇して失業率を下げる必要がある。とくに、長期失業者の減少、または若年失業者を減らして、失業周期の短縮を目的としている。

次に、経済理論の発展は、ALMPs の誕生に理論的根拠を提供した。一九六〇年代以前では主にケインズ主義に拠っていたが、一九六〇年代になってから失業率が急速に上昇したうえ、同時にインフレも上がるという、ケインズ理論も予想もできなかった現象が発生した。さらに、Tobin の理論の進展による積極的労働市場理論の登場が追い風となった。労働市場における需給構造の不均衡の原因は、過度需要と過度供給が同時に存在しているためである。過剰需要を補充できない一方、過剰供給は失業という形で存在している。そこで、いわゆる労働市場の均衡は失業者がないという状態を意味する。このような労働市場の不均衡状態は回避できない。なぜならば、賃金の硬直性があるからである。失業水準の上昇は賃金率の減少より遅いため、失業率の変動がインフレ率へ影響することは殆どない。さらに、過剰需要が過剰供給より大きければ大きいほど賃金の増加は速くなり、インフレ率も上昇する。失業が発生した場合、市場の分散性と市場構造の変化による市場の不均衡状態が生じる。インフレはこのときに回避できなくなる。そこで、失業、完全就業と物価安定の三者には矛盾が生じる。インフレがゼロである場合、失業は過剰需要より多い。Tobin の理論では、財政政策と貨幣政策は有効需要に対する調整不足のため、やむをえずほかの政策介入が必要となる。その内容は、主に就業指導目標政策と所得政策からなる。同時に労働市場政策の介入も必要とする。賃金・物価を管理政策とし、賃金増加率をコントロールした結果、賃金率上昇は労働生産性より遅くなるために、インフレ上昇は抑制される。

労働市場政策とは、政府投資による市場構造を調整することである。主要目的は、構造的失業を減らして、失業問題と過剰需要または過剰供給問題をセットで解決することである。具体的には、労働集約型産業の振興、在職人員の職業訓練などが挙げられる。産業構造の変化に対応できるように職業訓練を行い、労働力における産業間の流動を促進することが目的である。また、労働市場における情報の非対称問題を是正し、職業斡旋（職業紹介所）など就業サービスの充実が挙げられる。(2)

ALMPsには経済情勢による労働市場政策の転換が必要である。政策介入方式や財政投入の重点など、就業を維持する政策がしばしば使用される。成功の例としては、一九六四年OECD諸国はこのような就業促進政策を利用して失業率を下げた。

ALMPsの主要内容は、①就業サービスの充実（職業訓練指導等）、②人的資本への投資、③創業環境整備、政策目標として「インフレなき完全雇用」を目指すものである。具体的な政策措置としては、緊縮財政政策による過度の需要を抑えることでインフレへの影響を減らす。しかし、緊縮財政政策は失業率の上昇を招きかねないため、失業率が上昇に転じた時点で雇用拡大政策を講じなければならない。つまり、二つの政策をセットにして実施することが効果的である。そのため、政策選択は非常に重要となる。一般に、製造業には労働力の吸収力が期待できる。しかし、製造業は短期的には雇用効果は期待できない。そして大型公共事業では膨大な投資が伴うため、長期雇用効果は薄い。そのため、労働力の吸収力が期待できる産業を選んで財政支援が行われなければならない。それと同時に積極的雇用政策を実施し、職業訓練などを通じて、失業からの影響を受けやすい低利潤企業の労働者が高利潤企業へ移動できるようにする。こうすれば経済構造の調整はスムーズに行える。産業構造調整の代価は労働者個人に転嫁するのではなく、社会全体が負担する。この過程では、労働組合の協力が必要である。高利潤企業の賃金体系は生産規模の拡大を圧迫する場合があるので、労働組合の柔軟な対応が求められる。反面、低利潤企業では生産性の上昇をメインにして企業努力しなければならない。

3. 過剰供給状態下のアジア労働市場の欠点

アジア諸国では労働市場制度は硬直している。賃金調整が機能せず、成果主義の報酬制度を導入したものの、それに伴う諸制度が整備されておらず、労働市場の柔軟性の改善はなく、流動性が依然低く、効率性に至っては言うに及ばない。都市化が進み、都市部近郊での労働力不足など、新たな課題も浮上してきた。アジアで失業問題は重要ではあるが、雇用の適正問題がある。雇用調整できず、雇用機会の不平等が拡大しているため、社会インフラ面の欠陥よりもむしろ技能不足がむしろ大きな問題を引き起こすおそれがある(3)。

一九九〇年以来、アジアでは女子が労働市場に参加することのよる付加的労働効果の上昇傾向が見られている。その要因は未だ不明である。労働市場は一九九〇年代以来、整備されつつあるが、資本市場は依然として不完全なもので、経済成長に欠かせない資金調達ができているとは言い難い。アジア諸国は労働市場に供給を視点においていることが殆どである。これからの労働市場においては需要の開拓が必要となってくる。アジア諸国では、労働市場が未整備の上、賃金調整は機能せず、いわゆる賃金システムが硬直化している。これは、雇用格差ないし所得格差が存在しているからである。

ここでは、アジア諸国の雇用流動性問題を指摘しなければならない。アジア諸国は殆どの国で解雇規制が弱く、外部要素の影響を受けやすく、労働市場において雇用の流動性が高い。さらに、産業構造の転換に伴い失業者が短期的に増える可能性がある。ところが長期的には、逆に労働市場が拡大して失業者は減る可能性もある。しかし、労働組合が解雇に阻害する要因になるため、加えて硬直化したアジア諸国の労働市場にとって適応できるかが問題となる。(4)

一九七〇―八〇年代半ばには、アジアの経済構造の転換による構造的失業の増大が見られた。その原因は、高度成長期の経済の急速な変化であり、それは労働市場の調整よりはるかに速かった。そのため雇用調整といった労働市場の基本機能の整備が遅れ、それに加えて景気循環によりその後の景気後退を背景にして雇用悪化をもたらした。この間の雇用率は低水準に留まっており、失業率の上昇が続いていた。

アジア諸国では欧州諸国のような労働市場での雇用調整ができず、景気循環に見合うだけの雇用ができないため、労働供給過剰状態が深刻さを増し続けた。そのような状態のとき、一般には労働生産性の上昇による単位労働コストの低下を目指し、企業競争力の回復を目標とする。しかし、雇用調整が難しいため、企業内失業者を抱え込む「低雇用人口」が増え、労働生産性の悪化を招いて、さらに賃金・労働コストの上昇を引き起こす。それに伴った物価上昇や

競争力の低下は企業の生産性回復が遅らせ、その結果、企業の雇用拡大は難しくなる。(5)

このような状況に対しては、労働市場の法整備が強化されるべきである。重点的に雇用調整機能をアップさせ、景気変動に適応できる労働市場の柔軟性を高めることが喫緊課題となっている。つまり、応急措置のような受動的労働市場政策から積極的労働市場政策へと転換しなければならないのである。また、教育水準の上昇に伴う中等技能教育に力をいれることによって、企業競争力の回復に欠かせない工業労働力の形成が実現可能になる。しかし、アジア諸国の労働市場が多様であり、政策の形成は難しい面もある。なぜならば、低雇用から高雇用への転換は社会的リスクが大きいからである。

雇用面での戦略目標として、就業率の上昇が挙げられる。賃金決定を生産性に見合ったものとし、物価と賃金上昇のスパイラルを断ち切ることや、就業のインセンティブの改善を中心的な目標と位置付けるのである。そして、労働市場の柔軟性と安定性の両立を目指す。アジアでは医療水準・所得水準の上昇により、一九五〇年代から死亡率が大幅に低下し、平均寿命が著しく伸びている。生産年齢人口が総人口に占める割合は50%という高水準に達し、経済発展に有利な労働要素条件が揃った。これは人口の急増時期と重なって雇用構造が変動していることを示している。

この章の最後に、アジアの低雇用問題について述べたい。アジア諸国では、低雇用現象が普遍的に存在する。低雇用とは、法律上定められた労働時間より短い仕事をしているということである。これは、一種の偽装失業状況である。社会的にみて標準的と考えられる労働時間の50―70%しか働けないとの認識ではあるが、国・地域によって様々である。教育水準の上昇は熟練労働の形成を促進した一方、教育歴により労働所得格差が拡大する場合もある。つまり、労働市場に未参入の者が低賃金労働しかやらざるを得ないのである。

注

（1）積極的労働市場の成立条件としては、「手厚い失業保険」があると指摘されている。つまり、失業救済のために健全な失業保険制度は必須条件となり、再就職のため失業者に時間的に裕余を持たせるのは社会効率もアップに繋がる。残念ながら、日本を除けばアジア諸国はそうでない国々が多い。

（2）経済構造・産業構造が高度化または急速に転換する際、産業間あるいは企業間における労働力移動が発生する。これはクラーク法則が描いた農村と都市間の大規模労働力移動とは異なる。いわゆる労働力（人材）が企業間に調整される。要するに、生産性の低い産業から生産性の高い産業へ移動するということを意味する。さらに、地域における人口構成にも関連しているため、ピラミッド型人口構造や少子高齢化社会において、ストック調整型の移動が必要とされる。しかし「失業なき労働移動」の実現はなかなか難しい。それを実現するためには、生産性の高い産業が十分なおかつ選択できる「就業機会」の存在が必要である。アジア諸国は労働市場が硬直的で雇用調整できないため、不完全雇用にもかかわらず低雇用のままの状態が続いている。なぜならば、失業率の上昇は社会不安を招き、政府は社会をコントロールできなくなるおそれがあるからである。そのため、社会効率性を犠牲にしても政府の干渉が続いている。

（3）労働市場の流動性については、流動化した労働市場は賃金変動の下で、雇用調整ができるようになる。もちろん、雇用調整の結果、一部賃金労働者が失業者になる。SSNが未整備の状態下では、貧困問題が起こる可能性はある。ここでいう雇用調整とは、雇用量の調整（人員ベースで調整）を意味している。比較的時間を要するためである。また、労働時間による調整は効果が期待できる一方、失業率の急上昇を招くというマイナス面がある。日本ではワーキング・プアという短期景気循環の調整弁として使われている。

（4）アジア諸国では、未熟練労働市場が殆どで、流動性が非常に高いはずではあるが、制度要素により流動性が低く、労働市場転換の阻害要因になって、現代企業に必要とする工業労働力（熟練労働）の形成を大きく遅らせている。根本的には、基礎教育が普及していないことに原因にある。

（5）日本における雇用調整は一九九〇年代初頭からである。その主要な内容は、雇用の非正規化である。労働のコストパフォーマンスによる正規労働を萎縮させ非正規労働が増加した結果、低所得者の賃金低下による賃金格差より所得格差が顕在化した。さらに賃金上昇が抑制され、労働分配率が次第に低下し賃金労働者がより貧しくなっている。

第4章

経済成長とソーシャル・セーフティネットの形成

はじめに

世界人口の半分以上を占めるアジアでは、膨大な過剰人口を抱えている。しかし、農業国が多く、経済発展が遅れているのが現実である。日本を除いて殆どが発展途上国であり、後発国である。先進国から最貧国を包含するアジアは、文化、宗教、政治形態だけでなく経済の発展段階および形態も多様であることは周知のとおりである。例えば、先進国の日本や新興工業国である韓国・シンガポール、または中国・インドのような市場経済移行中の国もある。一九九〇年代以降、多くのアジアの国々は、資本主義経済を志向しながら近代化を目指している。しかし、急速な経済成長と所得分配制度の未整備のため、所得格差が急速に広がり、その結果、これまでにない格差社会が形成された。失業率が高止まり、社会不安要素となり、アジアのSSNの整備は急務となっている。

アジアでは、第二次世界大戦後まもなく人口爆発があった。人口構造は、高出生率・高死亡率パターンから高出生率・低死亡率へと転換した。その内生的要因は、価値観、慣習、制度などが考えられる。他方、植民地化による経済成長を「先行条件」として、所得上昇、医療水準上昇、公衆衛生水準上昇など外生的要因も否定できない[1]。そして、人口増加のスピードは食糧生産より遥かに速い。中国・インドのような巨大人口大国が誕生し、現在、アジアは世界の全人口の半分以上を占めている。このような大規模な労働力人口に対し、労働機会（雇用機会）を提供しなければならない。この意味で、いわゆるアジアの近代化に巨大な労働人口供給が必要なのである。アジア的SSNを構築する際に、まず解決しなければならない巨大人口の雇用問題である。

「緑の革命」により土地生産性の上昇がもたらされた一方、過剰労働人口が一気に溢れた[2]。その結果、農村から余剰人口が都市への移動し、都市の「雇用型工業化」を促進したことは間違いなかった[3]。しかし、労働力資源活用において、人口爆発によって増加した農業人口をいかにして非農業人口部門が吸収し、もって希少な可耕地に対する人口圧力を軽減しうるかが、課題となった。韓国、台湾などのNIES、ならびに東南アジアの一部のように、農業開発に大きな成功を収めた典型例もあれば、インドネシアのような失敗の例もある。[4] 農村における余剰労働力を非農業部門、とくに工業部門が吸収できるかが問題である。要するに、農村労働力をいちはやく吸収できるかが、雇用志向型の工業化が発展する鍵である。

1. 過剰人口と雇用不足

経済成長をGDPの増加と理解するならば、雇用増加は就業者数の増加を意味する。両者にはどのような関係にあるのかがわれわれには興味がある。一般には、経済成長とともに労働需要が高まり、雇用機会が増え、就業者が増加して失業率が下がる。[5] つまり、経済成長と雇用増加は正比例関係にあるはずである。経済成長と同じ率で雇用増加がみられれば理想的である。しかし、現実経済社会は不確実な要素が多く存在していることから、経済成長による雇用増加は予想よりはるかに低いのが現実である。

巨大人口を抱えているアジア最大の問題は、雇用問題である。しかし一九九〇年代以降、アジアでは経済成長が続いたにもかかわらず、あまり雇用の増加に繋がらなかった。[6] 一般に、経済成長は雇用増加に大きい影響を与えると考えられる。経済成長とともに失業率は減少する、あるいは経済成長率とは失業率と反比例関係にある。つまり経済成長による大量の雇用機会が創出され、労働市場を介して労働力が雇用され、失業率が減少していく。同時に就業率上昇や就業規模が拡大され、経済成長によって作り出された大量の雇用機会が配分され、国民所得水準が上昇した結果、国民生活の質を高める。しかしここで注意しなければならないのは、こうした好循環を実現するために健全な労働市場が必須条件となっている。

アジアには過剰労働力人口が存在している。労働市場では常に、労働過剰供給状態にある。[7] 労働市場が機能せず、雇用調整は行政手段によることが殆どである。さらには産業構造の転換が遅れ、経済のサービス化・労働市場のサービス化が進んでいない。そもそもアジアでは労働市場そのものが未整備状態であるから、労働需給調整は機能していないのである。つまり就業規模はゆるやかに増加しているにもかかわらず、産業構造の高度化、ハイテク化、IT化、通信基盤産業をはじめとして産業構造の高度化が急速に進んでいる。それが労働力需給構造の変動より遥かに速いのである。[8]

なぜアジアでは資本集約型的経済成長を選ばなければならなかったのか。よくいわれるのが、「後発利益」を受ける国は仕方なく受け入れざるをえず、深層的原因としては、アジア各国の社会的政治構造にかかわっていることの可能性は否定できない。一般に、資本労働比が経済成長率の上昇速度と一致する場合、経済成長には雇用増加との関係性はない。

アジアは労働節約型技術を選んで資本深化による工業化路線に進んだ。労働力資源が豊富で資本が乏しい発展途上国で、なぜ資本投資型による経済成長を推進したのか。結果として、資本投資過大を招き、労働資源は有効に活用できず、景気循環と労働力資源の配分はリンクしなかった。人口増加は経済成長の速度より速く、過剰となった労働人口を支えるためには、雇用創出が不可欠なのである。

2. SSNとALMPsの相関関係

ALMPs（Active Labor Market Policies）とは、消極的労働市場政策（negative or passive labor marked policies）と相対して積極的労働市場政策のことである。ここでいう「積極的」ということは、良い労働環境に恵まれない労働者（労働意欲ある労働者を指す）に労働機会を提供し（作り出し）、あるいはいまの労働環境を改善することによって労働者の就業を促進することである。つまり、政府の政策介入による雇用環境づくりということである。ここでは労働者が労働市場へ参入しやすくするために、政府介入の重点を労働市場の機能整備におくことを意味する。[9]

その内容は、①労働者がもっている技能をいかに循環的に最大限に発揮できるか、②特殊な労働者への配慮（ここでは特殊な労働者とは、仕事経験がない、身体障害者、女性、若年労働者、長期失業者、年寄り、家庭主婦などを意味する）、③産業間・地域間における労働者の「流動化」を促進する、④人的資本への投資の増加、⑤雇用機会の創出、などである。

積極的労働市場政策（ALMPs）は、労働市場に政府が積極的に介入して、失業率を少しでも低下させようというものである。労働市場の「民営化」の経緯を通じて労働市場の機能を高めるために、ILOが特に力を入れたのは、雇用拡大のための公共事業の推進である。貧困地域の雇用創出策として効果的なのは、生業的な零細企業の育成においては、少額融資面での与信を与えたり、職業訓練や市場調査などを支援するなどがある。その育成に力を入れて、雇用創出に繋いだり、外国投資を促進するようなビジネス環境の整備にも力を入れている。[10]

20世紀末、一九九〇年代以来のグローバリゼーションと市場化の進展は、アジアに新たな経済成長機会をもたらした。それに伴って、過剰人口を抱えるアジア諸国はその経済成長を補完する制度的装置として、SSNの充実が必要であるとされていた。しかし、アジア諸国における SSN の機能と制度変化は雇用増加に繋がっていなかった。「アジアの奇跡」と称賛された順調な成長から一転して生じた深刻な雇用と貧困問題を考える際に、アジア経済構造自身がもつ脆弱性を認識し、それを克服するための制度的措置を構築しなければならない。例えば、アジア危機により露呈した雇用システムの脆弱性は、その一例である。貧困の原因は、市場メカニズムでは最適解に到達できない所得分配の不平等、または市場の失敗・政府の失敗や発展に必要な物的・知的・制度的なインフラの不足によるといわれている。しかし、アジアには雇用不足により貧困者が稼ぐ方法がないため、所得低下は貧困問題を引き起こす直接原因となっている。

経済成長と社会福祉網の整備を同時に進めるのは理想的である。しかし、小さな政府と市場主義を基本的立場とする国際機関のロジックでは、政府の活動の拡大を伴うこうした SSN プログラムの導入は選択肢としてありえず、そのため、それに代わる安価な社会政策プログラムとしての SSN の導入が選ばれたと考えられる。そこで、規制緩和が求められた結果、社会混乱を招いて、社会進歩の阻害要因となっている。なぜならば、SSN は社会政策としては市場規律の下での自己責任の受容が原則だからである。[11] SSNを整備するための基本制度である失業保険はアジア諸国では危機以前から、そして危機以降現在に至るまで、概ね未整備である。一方、別の失業保険（労災・医療保険）は殆ど導入済みである。失業保険はマクロ的ショックによる失業や貧困に対応するための手段である。しかし、中国のリーマン・ショック後の検証が必要である。中国はリーマン・ショック後、帰農現象が起こり、失業保険の従来の機能をできなかった。韓国は一九九〇年代以来、従来型の重化学工業から知識集約型産業へと産業構造を転換し、生産的福祉を強調しながら労働者の再訓練・再配置プログラムを実施している。しかしSSNの問題を人的資本・教育に関連付けて論じれば、韓国の学歴社会は社会階層化を生み、雇用促進を阻害している。[12]

SSNの必要性と役割として、ショック吸収メカニズムを構築することは重要である。つまり、伝統的な農村共同体の労働力吸収力である。すなわちマクロ的雇用・所得ショックに対して都市の労働者が農村に帰り、そこでの所得・雇用シェアリング・システムの下で一時的シェルターを得るというメカニズムである。SSN導入の必要性は、経済成長に伴って高まってきている。農村共同体や地域内相互扶助組織は急スピードで解体しており、農村の雇用のクッションとしての機能も低下している。また、人口の高齢化もさし迫った問題となっている。つまり、都市化に伴う様々な新しい社会問題やリスクも増大しており、その対応措置として期待されている。

さらにILOは、この地域の貧困をなくすことを最大の課題とし、社会福祉の整備以前に、人々の職業能力を高め、経済力をつけることに力点を置いた支援をしている。SSNの形成とともに、雇用の創出を図りながら貧困からの脱出を図ることが最優先の課題となっている。

一般的に、積極的労働市場政策で採られる政策手段を、労働需要と労働供給の側面に分けて考える。つまり、労働需要面では、いかに雇用を創出する政策を用意できるかである。なかでも、中高年齢者や障害者など不利な立場にある集団のためのプログラム、過疎地域や構造不況地域など就業機会の乏しい地域での雇用創出、季節労働や日雇い労働などの調整、中小企業の新規事業分野への進出支援による就業機会の拡大などである。

一方、労働供給面でのプログラムでは、職業訓練、在職者の再訓練、労働時間制度の調整、社会保障制度との連携（例えば年金受給開始年齢とか）、外国人労働力に対する政策、社会的な職業能力評価制度（職業資格）と教育、キャリア・カウンセリング・システムと職業紹介、広域職業紹介と移動手当の支給など、不利な立場にある集団の社会統合のための特別措置などである。

アジアの国々が必要とするSSNは、経済発展に見合った構築を考えるべきだろう。社会的保護のSSNは大事ではあるが、それらと関連する諸政策の統合化されたパッケージが必要と考えられる。生産性を向上させると同時に雇用創出に繋がることが望ましい。景気回復は、基本的には需要政策で考えるものであって、労働供給サイドをいくら操作しても基本的にはあまり大きな効果は期待できない。むしろ、新規事業分野の開拓と競争力を回復させるために必要な広い意味での生産性向上施策に注目すべきである。新規ビジネスの拡大や生産性向上によりパイを拡大しない限り、総人件費の増加が期待できないので、労働条件の向上や雇用の純増も望めない。労働供給サイドだけをいじっていても、総所得が一定のなかでより多くの人に配分するので、生活水準を一定程度下げる覚悟が必要とされる。それならば、景気の回復には、高生産性と競争力のあるセクターが経済全体をリードし牽引する構造を作り上げることが優先されるべきであり、そのような産業政策が展開されるべきであろう。グローバル化のなかで労働集約的な部分はNIES諸国でも高コスト・パフォーマンス構造にあり、産業高度化が焦眉の課題となっている。加えて、労働力需要も技術者などより専門的ノウハウを備えた人材に移っている。そのため、スキルの低い失業者の雇用吸収が可能な分野は減少しており、職業訓練体系の見直しが必要となっている。

3. 経済成長による労働市場形成の促進

経済成長を追求し過ぎたことにより経済発展が遅れている。アジア諸国は一九七〇—八〇年代には世界でも注目された高度成長を遂げたにもかかわらず、社会全体の福祉水準はそれほど上昇しなかった。出生率が低下しているにもかかわらず、依然として低水準に留まっている。(13)

アジア経済成長は主に量の拡大によるものである。経済成長の質や経済構造そのものは大きな進歩がなく、質の向上や経済構造の改善を必要とする。経済成長により引き起こされた問題としては①所得分配の悪化、②貧困人口の増加（絶対貧困ではなく、相対貧困人口が増加）、③所得格差の拡大（都市農村部、地域間、農村内部、都市内部）、④環境汚染、食糧安全問題など、⑤生活の質（quality of life）、労働環境の悪化（安全問題）などがある。経済成長の成功の要因は、国内農業部門の犠牲と低賃金労働者、それに加えて資本の拡大（外資導入による）、それから輸出志向型工業化政策である。製造業の半分くらいまでがGDPに占める割合は急上昇したものの、賃金総額が占める割合は低下しており、賃金水準の上昇は遅れており、労働生産性の上昇も資本生産性の上昇より遅れている。

アジアにおける社会変容（社会変動）は、アジアのSSNの形成に影響している。例えば、労働力移動による社会の階層化は、その一例として挙げることができる。クラークの法則に従えば、工業化が進むと同時に都市化が進展して人口が都市部に集積した結果、巨大都市化問題も出てきた。人口論からすれば、若年人口が多ければ多いほど経済発展が有利となるが、いわゆる人口ボーナス問題である。逆に、従属人口は少ないほうが経済発展に有利である[14]。また、社会人口の流入と流出に伴う社会階層の移動をもたらす。ASEAN諸国の人口移動はその一例でもある。アジアには都市に人口が集中する傾向が見られるが、モンゴルのように都市部人口が減少して、都市化率が低下している国もある。アジア諸国は、経済成長過程において生産性向上と余剰労働の解消という問題を当初から抱えていた。この意味で、アジア諸国にとって真の経済近代化の道は何かということが問われている。

なぜアジアでは経済成長が急速に遂げられたのか、欧州と異なって急速に遂げられたのか。そして持続的に経済成長を成功させながら格差も拡大しつつある。いわゆる分配の不平等問題が起きてしまったのであるが、固有の原因があるのか、それとも経済体制そのものが問題なのか、いずれにしろ間違いなく不平等問題は以前より少しも解消していないのは事実である。それにしても、重要な社会問題として認識されるようになってきたのは最近のことでもある。

アジアでは雇用の不安定性が増している。労働市場が整備されないまま民営化がスタートしたわけで、リストラ者が急増したことがある。それに対応するために、政府は緊急に積極的に労働力市場政策を打ち出したが、効果がなく、「雇用なき成長」とまで言われた。

アジア労働市場の弱点は①雇用の不安定、②女性を中心とした雇用構造（女性の労働参加率は非常に高い）で脆弱な社会保障制度（労働保障制度）である。そのことにより、雇用悪化、非正規化、労働環境の悪化、失業率の上昇を招き、ほぼ完全雇用から非完全雇用へと変わった。

アジア的工業化は本当にアジアの雇用問題を解決できたのか、それに関しては、人的資源の活用が重要である。[15]一般に、雇用規模は人口規模に比べてあまりにも小さかったので、雇用格差が生じ、失業保険といった社会保障制度が未整備のため、より雇用格差の拡大に繋がった。

また、アジア的労働力移動は、アジア諸国の近代化にどのような影響をもたらしたのか。[16]日本は、アメリカ経済からの離陸の際に、労働力の大規模移動による国内消費市場を形成した。そして最終的に、内需型経済発展形成の基礎を築いた。つまり、農民から低所得賃金労働者へと転身して、まもなく工業労働力としての賃金労働者になったのである。しかもこうしたアプローチがほぼ同時に進行していたことから、国内消費市場が急速に形成できた。そして雇用創出に繋がり、長期間にわたって失業率が低水準に留まることができた。しかし、アジア諸国は経済発展の初期段階において国内消費市場の規模が小さく、アメリカあるいはヨーロッパ市場に頼らざるをえなかった。そして仕方なく、輸出志向型工業化を目指したのである。結果として、大量の雇用喪失が発生した。

一般的には過剰経済状況下では、労働力人口の規模は巨大で雇用増加の速度が遅い。高度成長にもかかわらず、「高成長・高雇用」の実現は難しいと思われる。アジアの都市化の速度は急速ではなく、緩慢であった。その理由は、農村社会の近代化を支える社会制度が整備されていなかったことが挙げられる。つまり、農村の性格はなかなか変わらない。農村が貧困のまま、都市部は近代化に向かいつつあるのである。

経済成長、とくに高度成長の直接結果は、所得配分制度が正しければ、国民の一人当たり生活水準上昇は経済成長につれて次第に上昇する。つまり、持続的経済成長は貧困を撲滅をすることができる。しかし、アジアはなぜそれができなかったのか。その原因は制度要因にあると思われる。現在のアジア経済の制度は所得格差を拡大させ、結果的には社会的弱者が社会から排除されるという形であり、弱者は貧困者になる。

高度経済成長は一人当たり生活水準の上昇に繋がる。所得分配制度が機能すれば、国民の生活水準は上昇する。なぜ発展途上国の経済成長は速かったのか、なぜ貧困のまま経済成長を遂げたのか。理論上では、持続的経済成長は貧困撲滅に繋がる。つまり、経済成長により多くの雇用機会が創出されると失業率が減少する一方、国民全体の所得水準が上昇し生活水準が向上するはずである。

アジアに注がれる世界の視線が変わった。リーマン・ショックに端を発した世界的な「低成長」「高失業率」現象により、雇用増加率が大きく落ち込んだ。その中で、いちはやく回復したのは中国、インドであった。新興国の人口規模・経済成長路線による失業率の上昇はすでに認識されていたことである。だが、ほかのアジア諸国ではこのような「雇用なき成長」が続くことは、あたかも長らく忘れていた役者がいきなり舞台に姿を現したような意外感をもって受け止められた。

アジアにおける雇用問題は、労働過剰供給状態が続いていることと、労働市場制度の未整備についてであったのであるが、喫緊の課題としては、アジア通貨危機後続いた経済成長にもかかわらず、失業水準が高止まりしていることである。このような「雇用なき成長」現象がすでに10年以上延々と続いており、未だ改善の兆しが見られない状態にある。「低成長」「高失業率」そのものが未だメカニズム的に解決されていないからである。経済成長が進んだにもかかわらず、なぜ失業率が収斂していかなかったのか、それは各国の経済体制に特徴があると考えられ

るものの、共通点があるかについては、新しい課題といえよう。(17)

注

(1) ノートスタインの考え方：近代化に伴う社会経済的発展が人口転換を推進する。「人口転換」が、経済的条件の向上と密接な関係を持っているという。

(2) 農業改革（緑の革命など）による農業生産性の上昇、それに加えて人口が持続的に増加し、その結果大量の過剰労働力が生じた。このような膨大な労働力が仕事を求めるため、都市へ（農業から工業）と流動した。いわゆる労働力の流動化という現象が、アジア諸国では一九六〇年代から今日まで発生している。

(3) 一般論：経済離陸期における労働力人口移動。労働力が第1次産業から第2次産業へと緩やかに移動する。農業人口が次第に減少していく。産業がシフトすると同時に大規模な労働力移動が発生する。経済成長安定期：産業間における労働力移動が非常に緩慢である「還流現象」が発生する。第3次産業の急速な発展（受け皿としてのサービス業）。経済成長とともに所得格差が拡大し、所得が低い地域の労働力は所得が高い地域へと移動する。

(4) NICS の共通特徴としては外向きの成長政策を進めること（輸出によって成長を図る）、国内では、総生産高に占める工業部門のシェア、総輸出に占める工業製品のシェア、総雇用に占める工業部門のシェアが上昇していること、世界の工業生産に占めるシェアおよび世界の輸出品に占めるシェアを高めること、一人当たり実質国民所得（実質GDP）の先進国とのギャップが急速に縮小していること、などである。

（5）雇用不足に関する経済学論述は、次のように概略することができる。働くことによって、生産性の上昇は供給能力を強化された結果、総需要が減るため、失業現象が発生する。しかし雇用不足による消費欲望の低下や労働インセンティブの減衰という後遺症があるためである。成熟社会において需要不足は雇用不足を発生する要因と考えられる。

因みに、ケインズにおける雇用理論は、政府主導による雇用の創出を主張している。経済は、長期では失業が存在しない。要するに、生産した物やサービスをちょうど使い切る状態にある。いわゆる需給均衡状態である。物やサービスや労働需要と供給が一致する状態である。長期状態の場合は、自発的失業しか存在しない。「非自発的失業者」はいない。そして、自由な競争や市場調整に任せるべきで、政府は制度づくりに専念する。市場を重視する新古典派経済学と似通っている。

（6）世界経済は連動している。先進国の経済成長の特徴は「低成長」「高失業率」、いわゆる「雇用なき成長」という現象である。なぜアジアは先進国のようなことが起こってしまったのか。先進国では資本集約型の産業構造をもつから、資本深化とともに雇用増加率は低減していくと思われる。アジアは人口規模が大きく、労働力人口資源が豊富であり、人口開発を通して雇用増加が上昇していってよいはずである。

（7）一般に、発展途上国の過剰経済下の労働供給は常に過剰状態にあり、雇用不足問題が常に景気循環に影響している。人口規模の大きさに加えて工業化の雇用効果が短期間に相殺されてしまうため、輸出代替・輸出貿易など様々な工業化産業政策を自国の経済状況に基づいて判断しなければならない。つまり、どのような政策もより多くの雇用創出できるかが重要であり、貧困緩和に有意義であるということである。

例えば輸出貿易振興型の工業化産業政策は、国際貿易の拡大による地域内の所得格差が拡大される可能性があると指摘されている。

（8）労働市場のメカニズムは労働需給を調整する。労働需要より労働供給が過剰である場合、賃金は下がり、反対に労働供給より労働需要が過剰である場合、賃金は上昇する。労働需給側に正確な情報を伝達するのは極めて重要であり、いわゆる労働市場が対象とする問題である。しかし、現実の労働市場では「非対称的」となっており、情報伝達は一方的となっている。労働需給のキャンプは常に存在しているのが現実である。

（9）政府の介入による施策について、アダム・スミスは「人間社会という巨大なチェス盤においては、各々のコマがそれ自身の行動原理に従う。それは為政者が押し付けようとするものとは異なるのである」（アダム・スミス『道徳感情論』より）と指摘されている。

（10）ヨーロッパでは積極的に労働市場政策を実施しており、解雇が厳しく規制された結果、賃金変動が小さくなり、産業競争力が低下した。衰退産業から成長産業への雇用の再配分が進まず、生産性の上昇にも影響していると指摘されている。他方、手厚い社会保障制度は労働市場への参入や企業側・労働者側のインセンティブを低下させる可能性がある。失業者の就業意欲を衰退させることもあり、雇用は保護されるようになる。高賃金または賃金の固定化傾向は、若者の労働市場への参入を阻害し、未熟練で長期化しやすく、労働の質の低下によって失業が定着しやすい。勿論、職業訓練・技能向上といった労働市場のマッチング機能強化が必要ではあるが、殆ど効果が見られない。失業者がこのような就業待機プルーになったからである。

（11）SSNとは、個人や企業の予想できないリスクへの対応のための社会政策プログラムを意味する。その代表作は、雇用リスクに対する雇用保険や健康上のリスクにかかわる疾病・労災保険である。市場メカニズムの不備による所得分配の不公平等、あるいは構造的な貧困問題に対処するための通常の社会福祉プログラムである。つまりSSNは、不確実な事象の生起によって、人々の生活水準がナショナル・ミニマム以下に低下した場合の対応措置である。

(12) 韓国は「生産的福祉」を強調している。つまり生計費を直接支給するのではなく、できる限り人的資本に投資する社会投資国家を構想し、それは福祉国家の代わりにポジティブ・ウェルフェア社会という文脈のなかで機能しなければならないとしている。生産的福祉の定義とは、あらゆる国民が人間的尊厳と自尊心を維持することができるよう基礎的な生活を保障すると同時に、自立的かつ経済・社会活動を参与しうる機会を拡大し、分配の公平性を高めることで生活の質を向上させて、社会発展を追求する国政概念である。そしてそれは、①市場を通じて公正になされる一時的な分配、②国家を通じた再分配、③国家と市場の相互重複領域でなされる自活のための社会的投資などである。

(13) 歴史を遡って一九五〇―六〇年代は経済成長を追求した。高度成長にもかかわらず、貧困撲滅という目的の達成はほど遠かった。一九七〇年代になると所得分配の不平等化をもたらすことが認識されて、生産より分配を重視すべきであると言われるようになった。さらに一九八〇年代には、所得格差をなくすために産業間における業種間の賃金格差を是正して、労働市場を通して雇用の平等化を図り、所得分配の平等化を進めることによって貧困対策に取り込んだ。しかし、所得制度（税制度）が未健全であったためあまり効果があったとはいえない。二〇〇〇年以来、社会福祉の充実を図り貧困度を下げるという福祉国家の理念に基づき、社会全体厚生水準の上昇により貧困緩和を達成しようとしている。しかし、貧困をなくす根本の方法は貧困者に雇用機会を提供することである。この問題が解決しない限り、様々な政策も一時的効果に留まることになる。

(14) 従属人口：生産年齢人口である100人が何人の年少者と高齢者とを扶養しなければならないかを示している指標である。

(15) いわゆる人的資源とは、人間生活の質と関わって、時に人的資源開発と混用される場合がある。人間生活の質は、主に長寿・知識・人間らしい生活といったことである。具体的には平均寿命、識字率、購買力などの指標がある。アジアの人口は約52億人、世界人口70億人の34%に相当する。もちろん、こうした豊富な人的資源の開発は、経済発展の一環として当然なことといえる。

(16) ここでいう移動とは、農業部門から工業部門に移動することを意味している。しかし、労働市場の未整備や就業機会の不足のため、必ずしも就業できる保証はない。この意味では、単純に流動という捉え方もある。つまり、都市・農村間において流動しながら就業機会を待つしかないということである。サービス業が未発達なためである。

(17) アジア諸国では、労働市場が未整備の上、賃金調整は機能せず、いわゆる賃金システムが硬直化していることは、雇用格差ないし所得格差が存在しているからである。

第5章　格差の世界的拡大とそのメカニズム

はじめに

アジア諸国では、経済発展とともに、国民所得が大幅に上昇した。しかし、所得分配がうまくいかない国々が多く、それによって不平等問題や貧困問題が次第に深刻化し、社会不安をもたらした。その本質的原因は市場の不完全性にあると考えられる。競争を歪曲させて不完全な市場から自分達にとって有利な分配を取り込もうとすることは、アジア諸国における市場の特徴と言える。つまり、経済の二重構造と所得の不平等とは密接に関連しつつ持続するのである。所得の平等化過程と経済の同質化が同時に進行し、不平等のほうがより表面化したのである。このような考えの下、アジアの所得配分や所得格差問題を考えたい。

1．雇用格差を背景にした所得格差の世界的拡大

雇用の供給側からみると、経済成長期において大規模な社会インフラ整備を行うため、公共事業投資が大きな雇用機会を作り出した。これにより、雇用者の所得格差は縮小する傾向にあった。経済の安定期ないし景気低迷期では雇用形態が多様化し、雇用格差に起因する所得格差が拡大する。雇用の非正規化はその一例である。雇用の非正規化は、失業対策として雇用緩和に対し一時的には効果がある。しかし、長期的には企業の生産拡大意欲が損なわれるため、雇用創出にマイナス効果となりうる。とくに若年者雇用の緊急対策は、労働市場の規制緩和が労働意欲の低下に繋がるおそれがある。そのため、雇用と景気回復の関係からみて、生産拡大による景気回復には労働要素が欠かせない。しかしあくまでも経済成長により作り出される労働需要が雇用回復に繋がることから、イノベーションないし技術革新に伴う経済成長が求められ、それに伴った雇用増が所得格差問題解決にリンクし、社会進歩に貢献できる。

所得格差と景気回復・規制の関係は生産周期に基づくため、景気拡大の恩恵を所得再分配に反映できるようになるのには時間がかかる。

所得格差の拡大は世界的な問題で、先進国だけではなくアジア諸国も抱えている構造的な問

題である。欧州先進諸国は産業革命以降、経済の同質化が進んでおり、クズネッツ仮説の通り所得格差が拡大して、その後縮小した。しかし、一九七〇年代から格差拡大傾向が見られるようになった。主要な原因は、失業問題によるとされる。一つの原因は技術革新によって未熟練労働の所得機会が減少していることである。先進国の国内低賃金労働の雇用機会が発展途上国へと移転し、先進国国内では雇用喪失により所得格差が拡大した。グローバル化による貿易の拡大や労働のアウトソーシングによって低賃金国の労働に置き換わったことが、先進国国内の所得格差を拡大させただけでなく、発展途上国と先進国間の格差も広げている。技術は所得格差の源泉であり、先進国が技術開発に専念するという新たな国際分業が主たる要因であると思われる。

しかし、アジア諸国の所得格差問題は先進国よりも深刻である。アジア諸国の多くの国で、急速な資本主義経済の導入が所得格差を拡大させ、それが社会的な不安定をもたらしているということは、先進国の経済発展歴史と同様である。問題となるのは、アジア諸国は経済制度が転換している過程で急速に社会構造が変わって、いわゆる経済成熟社会の過度渡期である。所得分配という仕組みが格差の拡大に強く作用している。

本来であれば、資本主義あるいは市場経済制度の導入は生産性の向上のためにある。資本主義を導入すると同時に、資本主義制度の欠陥であり、競争原理による分配の不平等性の是正措置をセットで導入しなければならない。例えば、所得配分を平等に行うための累進課税制度は富裕層の富を削減する効果がある。しかし、そうした所得再分配できる仕組みを作り出すための基礎となる健全な財政運営が必要となる。しかしアジア諸国は、このような財政システムが殆ど備わっていないのが現状である。

しかし、格差の拡大による雇用不安をどのようにして解消できるのか、参考にできる先進国の経験はなく、先進国では所得再分配を通じて資本主義経済固有の格差による社会不安の払拭を試みた。それを支えたのは、高度成長による財政状況が健全であることで、貧困状況から脱出したばかりのアジア諸国とは全く違う。所得再分配の仕組みが持続的な高度成長は、失業保険にせよ教育医療にせよ、政府の関与によるので、市場要素は排除できないと思われる。市場は流動性要素を満たさなければならないのが原則であるから、単純に社会安定化装置として利用されるのには限界がある。所得再分配から最適所得配分ができるような社会システムの形成には時間がかかりそうである。

所得格差問題は、先進国の構造的な問題として捉えられてきた。そして、所得格差に大きい影響を与えている雇用格差に触れながら論じられてきた。しかし、所得そのものは報酬ということで、一種の結果ともいえる。所得格差をなくそうとすれば、市場で得た所得が労働の代価を反映できなくなるおそれがある。

所得格差の拡大は、貧困問題に深刻に結びついているとする議論はよくある。しかし、貧困問題の本質は社会の不平等によるもので、雇用手段を通じた所得水準の上昇が貧困解決の有力な方法でもある。貧困を防ぐための SSN は有効ではあるが、それに伴う社会的開発、とくに教育という社会的インフラ整備は第一歩であり、むしろそれは最も重要であることはアジアに対して、これまでの経済実践によって証明されている。

経済効率を高めれば所得格差が生じ、そして、拡大してから次第に縮小する。日本の所得格差拡大の要因は、まず正規労働者と非正規労働者の間の賃金格差が大きいことである。理論上では、「同一労働・同一賃金」の原則に基づけば、労働時間の調整による解決は可能である。次に、中央と地方の所得格差が大きいことである。これは社会インフラ整備に伴う公共事業への投資の巨大化によるもので、結局は公共事業が誰のものかによって変わる。単純に労働移動による解決はできない。

2．所得分配の不平等による貧困問題の悪化

アジア諸国、とくにアジアの新興国では所得格差が縮小する傾向はなく、悪化したか殆ど変わらない。実際の所得格差の状況を統計データで見るために最もよく知られているのが、ジニ係数である。これは0から1の間の値をとり、1に近いほど格差が大きいことを示す。格差なしの完全平等であれば0、一人による完全独占であれば1である。

なぜアジアは欧州とは異なり、急速な経済成長に伴った所得分配の不平等問題が起こってしまったのか。勿論、貧困や不平等は以前と比べると減少したのは事実ではあるが、それにしても不平等に起因する格差の拡大は大きな社会問題となり、アジア全体の社会進歩に阻害要因となっている。

アジア諸国では、欧州の経験を参考にしながら経済発展の初期段階から所得格差の拡大を防ぐために、アジア的な有効措置として、経済成長と平等な所得分配が両立する開発政策を目指し模索してきた。そのなかで、社会資本整備による雇用創出が実現した日本は、成功したとはいえ巨大な投資が財政を圧迫することになり、それがバブル経済崩壊の一因になったと言われている。韓国・台湾は、労働資源が豊富であるという比較優位性を活用して、労働集約型産業

分野に力を入れ、輸出拡大とともに所得格差が抑えられていた。しかし、貿易拡大につれて交易条件や国際情勢の変化、構造改革が迫られている。他方、フィリピンやインドネシアでは植民地時代のモノカルチャーから脱却できず、経済構造の転換が遅れた結果、経済成長が外部要素からの影響を受けやすく、アジア通貨危機の際、その弱点が露呈してしまった。つまりこの問題に対しては、日本、台湾、韓国などのように成功した例もあれば、フィリピンのような失敗した国もある。開発政策の中身を吟味すると、社会資本整備、教育振興、公共衛生水準の向上などはもちろん、経済構造の転換も重要な課題である。

アジア諸国では、経済成長によって作り出された労働機会が、地縁など縁故主義の影響で効率的な分配ができず、労働分配率の低下により農村・都市における所得格差が拡大した。加えて、アジア諸国の殆どは過剰労働力が大量に存在している。過剰労働力の存在は賃金上昇を抑えるため、労働分配率は上昇しなくなる。そして、賃金所得の格差はますます広がっていくと考えられる。

労働分配率の低下によって労働力資源配置の効率性が下がり、潜在失業者が増え、過剰労働力の増加に拍車をかける。所得分布を悪化させることになるから、より一層所得格差の拡大が加速することになる。一般的に、過剰労働から労働不足への転換点を迎えた時点で所得格差は縮小に向かうことが多い。しかしアジアでは、人口規模が巨大で、人口構造の転換が相当な時間を要するため、労働過剰状態から労働不足への転換時点に都市農村部の生産性格差が解消されれば、限界生産性による賃金が決定された時点で、所得格差が平等化に向かうことになるであろう。

高率的なインフレというマクロ経済政策は消費を刺激する。しかし、アジア諸国の場合、社会不安に陥るおそれがある。インフレの上昇は富裕層の富の実質的価値を著しく減価させる効果が期待できることから、実質的には所得を再分配することになる。

アジア諸国では、IMFの処方箋のように国有企業の一時的民営化を図る場合がしばしばある。移行経済においては、現代企業を育成するために民営化が必要となるが、市場規律を混乱させるマイナス面があるため、所得格差を縮小するどころか拡大しているケースがある。例えば、一九九〇年代のグローバル化の影響は、アジア全体の賃金を引き下げるように作用している。なぜならば、アジア諸国の多くは発展途上であり、先進国における消費市場の低迷によって低賃金労働製品への需要が低下してしまうからである。

アジア諸国の歴史は様々ではあるが、所得の平等への関心が昔から強かった。しかし、欧州諸国のような累進税制度がないため、根本的に所得再分配は機能せず、いつも応急措置として様々な補助金を出し、所得格差を縮めるとしようとした。こうした措置は経済的というより、むしろ社会的目的という面が大きいと考えられる。例えば、農民の所得を上昇させるために、補助金や現物給付、農産品の価格補助は本来の農業生産性の上昇と直接関わりなく、一時的効果しかない。

アジアでは奇妙な現象が起こっている。つまり、豊かになればなるほど所得分配が進んで、比較的平等である。日本・韓国・台湾がそうである。しかし、途上国では、貧しければ貧しいほど所得分配が進んでおらず、所得格差が拡大している。例えば、タイ、フィリピン、中国、インドのような人口大国である。原因は、制度上の変動が激しく人口規模が巨大で、人口のオーナス効果によると思われる。日本では、農地改革による平等化に成功し、所得格差の拡大を抑えた。中国、タイも農地改革を行ったが、成功とは言えない。

制度の変動ないし社会改革（社会的実験）に関して、フィリピン、マレーシアでは資源分布が極めて不均衡であり、加えて経済の低水準開発で所得格差が起こったものである。通常であれば、人的要素移動による解決できる。しかし、アジアでは人的要素を調整する労働市場が存在せず、要素配分ができなかったことが、所得格差拡大の主な要因となっている。もちろん、多民族国家のため、民族間の差別政策も一因だと考えられる。例えば、マレーシアの一九七〇年代の政策が、現地人を優遇して華人の社会地位を低下させたことは明白である。こうした民族性が強い政策は、一時的には効果があるかもしれないが、より一層国内所得格差を拡大させる。

また公共事業の支出（再分配）による雇用効果は、同時に所得格差を縮小することができる。これはアジア諸国の主流である。つまり制度設計に時間を要するため、経済計画（行政手段）による公共事業の投資はやりやすいという面は否定できない。

累進課税は、所得分配の手段として欧州など先進国の間でよく利用されている。消費税より公平性をもつが、調整しにくい面がある。それは、税率を定める基準は社会情勢と連動しないからである。累進課税制度は、よりよい分配ということである。累進課税にせよ公共事業の拡大投資にせよ、所得再分配により平等な社会を目指そうとする策にすぎない。社会保障を目的とすれば、一種の間接効果を求められているが、長期的には効果が不明である。しかし、公共事業による雇用創出は効果的であるが、財政圧迫や社会運営面の問題がある。

アジアでは、外資系企業は殆ど労働集約型産業に集中している。賃金格差の縮小を所得分配の平等化の指標とすれば収斂しているかのようにみえる。しかし、ほかの業種が圧倒的に国民経済を支配しているため、全体として所得分配が進んでいない。

アジアでは貧困をなくすことを目指し、経済成長が続けられている。アジア諸国の人々が企業や農業、自営業などで働いて自立できるよう「仕事をつくること」が重要なテーマになる。また、アジアでは人口構造の高齢化が進んでおり、「人口学的ボーナス社会」から「人口オーナス社会」へと移行している。アジアでは「豊かになる前に高齢化する」という課題を克服しなければ、この変動による連鎖がアジア経済社会を崩壊させるおそれがある。現在、アジアの景気は減速している。だが40年後、アジア経済は世界経済の半分の規模を占めるまでになっていると推測される。

3. 工業化の雇用効果とケインズ経済学の限界性

アジア諸国は貧困問題を解決するために、経済成長という手段を利用しようとした。なぜならば、経済成長による雇用増加が長期的には所得の平等化をもたらし、国民全体の福祉水準がアップすると考えられたからである。アジア経済成長の原因は、投資が活発であったことが指摘されよう。アジア経済成長の原因としては①投資、②教育、③農業発展、④輸出の拡大・輸出志向工業化政策の実施、新興工業経済（NIEs、韓国、台湾、香港、シンガポール）の勃興などを挙げることができる。

アジアの経済成長を牽引したものは工業化と都市化であるが、一九九〇年代以後、とくにアジア通貨危機後、低成長が続き、経済の構造的問題が露呈してしまった。これまでの経済成長は量的拡大であり、今後はイノベーション型の経済成長を目指すべきである。

「東アジアの奇跡」まで言われた東アジア経済成長は、技術進歩を伴わない「資源動員型成長」といわれている。つまり、ある期間において資本と労働の集中的かつ効率的な投入によって経済成長を実現した。しかし、資本コストや労働コストは生産規模の拡大につれて上昇しているから、生産性の上昇と同調しない場合もしばしばある。そのため、成長の鈍化によって労働需要が低下することになる。このような経済成長による雇用効果は、あくまでも一時的性質のものなのである。

東アジアの経済発展は、一九九三年の世界銀行報告書で「東アジアの奇跡」として評価された。評価された原因は、一九六〇年代以降、八つの経済、すなわち日本、韓国、香港、シンガポール、台湾、タイ、マレーシア等の「高実績のアジア経済」（Hight-Performing Asian Economies HPAEs）諸国の発展ぶりであった、HPAEs の発展は、資本と労働の投入によってもたらされたもので、技術進歩に伴っていないと指摘されているものの、これらの国々では貧困からの脱却には成功した。貧困から脱却したことは間違いなく、否定されるべきものではない。

確かに、労働の比較優位性を活かしていたアジアは豊かになりつつもある。GDPを平均的な豊かさを示す指標とすれば、アジア諸国の平均GDPは５％前後上昇している。また、貧困人口の絶対数が確実に減少している。一方で、雇用規模が増加したものの、雇用率は下がっている。言い換えれば、経済成長と雇用増加には相関関係が見られなかった。雇用率が行きつ戻りつしたものの、様々な要素が考えられる。一九九〇年代以来と考えれば、外部経済要素からの影響が主たる原因だと思われる。

先進国の生産能力過剰に対して、発展途上国では生産能力が不足している。この意味でアジアの発展途上国では生産能力の拡大が、経済成長のための鍵といえる。

近年、メコン川流域において中国、ベトナム、タイ、ラオス、カンボジア、ミャンマーなどの国々が東西経済回廊や南北経済回廊の道路建設を計画しており、大規模な投資による一時的雇用効果が期待できる。長期的には、この地域の労働力を活用できるような産業構造の構築が必要である。

アジア諸国において計画経済志向型の国々が一九五〇年代から、国民の利益よりも国家や民族の利益を優先し、工業化を通じた経済成長による国力強化を目指して、物的・人的資源の集中的動員と管理を行い、イデオロギーまでが統制された。いわゆる開発主義であり、中国・インド・ベトナムがその一例である。その開発目標を実現するために、開発体制を確立した。つまり、人的資源を含めて資源を集中管理することで、経済成長を目指した。しかし、行政的な手法を使用したことで市場の役割を無視したため、非効率的であった。

アジアでは一九六〇年代、一時的権威主義的工業化が流行した。社会不満を抑圧し黙らせる方法で、支配的な権威主義は、当時の韓国(朴正熙)インドネシア(スハルト)、フィリピン(マルコス)のような独裁政治を正当化し、それを根拠として経済発展を図ろうとした。権威主義は政権の安定性を維持することにより経済の発展に寄与することがある。しかし経済的民主化にとっては大きな阻害要因になり、今日まで後遺症が残っている。

ここでは、開発途上国における二重構造(Dualism)の現状を踏まえて、雇用問題について整理し、議論や理論を深めることに努めよう。まず第1点は、経済開発の進展において二重構造がどのような役割を演じているか、あるいは隘路(あいろ)となっているかを追求する。第2点は、二重構造と所得の不平等についてである。そもそも経済学の目標は国内経済活動を活性化して国全体の所得水準を上昇させるだけではなく、得た富をどのようにして多くの人々に平等的に分配するかということである（いわゆる所得分配問題）。一般に資本主義国家は国民経済運営に関心を持っているのに対し、社会主義国家は富の平等化に関心をおいている。つまり、資本主義国家は所得分配を軽視してきたわけである。

工業化戦略は、生産性の上昇により雇用増加に繋がることが一般的である。製造業を強化して、財・富を創造する力を発展させる工業化は経済成長の手段としてよく使われる。つまり、工業化の最終目的は国全体の経済水準の上昇や国民経済の向上に他にならない。

工業化の進展に伴った工業生産性の上昇は、工業・農業の生産性格差の拡大をもたらした。一方、工業の生産規模が急速に拡大して労働への需要が高まり、雇用機会が作り出されることによって雇用率が上昇することになる。一般的には工業化によって雇用が改善されることになる。しかし、実は工業化戦略の類型・初期条件の違いによって、雇用創出効果は様々である。

工業化の基本類型は労働集約的と資本集約的工業化に分類することができる。労働集約的工業化とは、労働力資源を最大限に活用して生産拡大を図る。資本集約的工業化は労働集約的工業化とは対照的に、労働資源節約することによって、資本投資の拡大による資本深化を追求し、技術進歩を通じて生産拡大をめざす。労働集約的工業化は雇用効果が期待できるのに対し、資本集約的工業化では雇用効果が小さい。

しかしアジアの場合、人口規模が大きく労働力につねに過剰供給状態にあるため、このような巨大人口の雇用問題を解決するのは決して容易ではない。様々な工業化戦略の雇用効果も相殺されてしまい、雇用不足が常態化している。

「雇用なき成長」とは、雇用増加を伴わない経済成長である。[1] なぜこのような現象が起こってしまったのか。それは、労働集約型ではなく、技術革新を軽視した資本投資型の経済成長が続いてきたからにほかならない。このような経済成長が続けば資本資産性がますます上昇することになり、労働はますます排除されるようになる。しかし、このような経済発展パターンが不可避というものではない。日本・台湾・韓国が経済成長と雇用問題をうまく解決したとはいえ、経済が成熟期に入ってから需要創出が遅れてしまった結果、労働供給は過剰状態に陥ってしまった。労働需給の調整が遅れたつけが回ってきたのである。

現在、ギリシャの財政危機をはじめとした欧州（EU）の債務不安が世界中に広がっている。それに関連して、欧州の雇用問題は一層深刻化を増しており、失業率は常に10％以上の高水準に留まっている。単に失業率から見ると欧米ほどではないにしても、アジアの雇用問題も楽観視できない。これまでにも様々な試みをしたのはいうまでもなく、最も直近の例では欧米を真似したALMPsの導入であった。一九六〇年代、欧米諸国がケインズの政府政策介入論に疑問を持ち始めたころ、アジアはあえて積極的に導入しようとした。ALMPsの導入には労働市場の調整機能が不可欠であり、しかもそうした健全な労働市場は未だ整備されていないのが現状であった。

一九八〇年代以来、アジア諸国における雇用不足は、慢性的になって、今日まで解決できないままである。その原因は、長期にわたる製造業の生産性の停滞である。これに対しては、労働集約型産品の輸出拡大ではなく、イノベーション（技術革新）に基礎を置く新たな工業化戦略が不可欠である。この意味で、アジア型経済発展モデルがもはや限界となりつつある。例えば、輸出志向型工業化路線では外資導入による良質的労働が活用され、経済成長を遂げていく。しかし、技術進歩を伴わないことが欠点である。GDP成長に関わる要素のなかで、資本・労働だけが強調され、残差部門、いわゆる技術進歩は無視され、全要素生産性TFP（Total Factor Productivity）が経済成長につれて下がっていく。このことは欧州諸国の工業化から経験的に知られている。一般に、経済成長に伴い経済発展の度合いが進めば、労働と資本が貢献する割合が下がり、逆に「残差」もしくは「技術革新」が貢献する割合が増えていく。従って、技術革新が起きなければ先進国の間でも成長率は鈍化していくことになる。

雇用問題はもちろん重要ではあるが、雇用は労働市場を通じて調整することができる。雇用調整には時間が必要である。タイムラグで労働需給は不均衡状態にあり、失業が生じやすくなる。国際間においてこの問題を考える場合、労働移動は一種の解決方法ではあるが、移動費用・リスクを加えて移動意思決定は難しくなる。グローバル化による労働力の移動は経済発展に寄与していることはもちろん、グローバル化を利用して経済統合を促進することができる。

先進国は一九五〇年代になると、国民所得全体からその分配に関心を移した。一九五〇年代、アジア諸国では雇用増加に力を入れたものの、雇用機会の配分に関心はなかった。その背景として、雇用調整する機能である労働市場の整備が時間かかることと、一方、政府政策による分配では時間的に速すぎるという認識があった。雇用創出は大事だが、雇用機会を平等に分配するのも重要である。雇用機会はどうやって平等に分配できるか。行政的要素配分には非効率性があることは明らかである。そのため、技術水準を基礎にした労働資源配置が理想的なのである。

アジア諸国では低所得層の労働者が多く、いかにして低所得者層が就業意欲を高め、より高い収入を求めて努力することにより所得格差を縮小させるかが、方法の一つである。しかし長期的には、雇用対策で重点を置くべき点は人的資本の充実である。それによって労働の質が改善され、職業訓練の効果が期待でき、低所得者が貧困から脱出できることとなる。

ここで、あらためてアジアの雇用問題について吟味してみることにしよう。アジアの雇用問題は、まさに一九六〇年代初期段階の経済における産業政策戦略を如何に選択して、それに基づき経済成長を目指すのかというように、構造的に考えなければならない。雇用増加は、単に経済成長との関係を判断するだけでは解釈できない部分があり、生産理論・人口理論との関連も検討する必要がある。

上述のごとく、アジア諸国では経済発展が続いているなか、労働要素の配置は経済成長の速度よりはるかに及ばない状態である。二重構造の解消とともに雇用構造の転換を図り、産業構造と同調しなければならない。というのも、雇用問題が経済成長問題だとみなされがちだからである。

日本は、高度成長と雇用増加が同時に達成できた。これは産業政策における市場競争と政策介入のコンビネーションの分析でわかったことである。日本の長期的雇用変動を見ると、終身雇用制度、年功序列、人材育成制度が主たる原因である。

現在、日本は雇用環境改善とデフレ脱却問題を抱え、さらには異常な為替レート問題が横たわっている。超円高水準で日本の産業はたちゆかない状況である。コスト差は品質競争力でしのげるようなものではない。とすれば、このレートで競争できる賃金レベルまで落とせるかどうか。わかりやすくいえば、仕事がなくなるなか、硬直した賃金体制では賃下げができない。結局、名目国内総生産は実質国内総生産より大きいという異常現象が起きてしまう。それによって賃金水準はますます下がり、デフレから脱却するとはとても思えない。

日本の二〇〇〇年代からの構造改革の内容は次の通りである。①非効率な企業の退出、②労働力の人員整理、③公共部門の縮小、④生産性の高い部門への補助金、⑤所得税の累進度を下げる、⑥労働市場の流動化の促進、が挙げられる。主に供給側の改革で格差拡大を招き、効率性が悪くなった。そして、企業倒産による失業増になっていた。そこで、需要側の改革が必要であり、財政支出（税率調整、補助金）による民間需要の創出や貨幣の供給量（金融政策）の緩和が求められる。

アジア全体では雇用率が鈍化し、雇用水準の低下が続いている。これまでのALMPs効果も大きく落ち込み、平均雇用増加率は一九八〇年代の半分以下に落ちたと指摘されている。これは市場経済の失敗なのか、それともアジア経済構造の固有の問題なのか、今後検討せねばならない課題である。市場経済による「市場の失敗」の表現は、①若年の雇用不安、②地域格差、③先進国と発展途上国の格差、④世帯間の格差、などが挙げられる。そのうち、やはり市場は雇用をうまく解決できなかった。ケインズの政府介入による積極的労働市場政策も、新自由主義のような競争原理の働きも効果がなかったことから、市場以外に原因があるのかもしれない。一つ考えられるのは社会的開発である。教育普及という切り口から社会的インフラ整備が進めば「市場の失敗」を遅らせることが可能であろう。

注

（1）「雇用なき成長」とは、大まかに、経済成長にもかかわらず雇用増加が経済成長より遅れていることと、経済成長に見合う雇用が見当たらないことに分けられる。台湾・韓国は「雇用増加」と「経済成長」を同時に達成できた。その根本的原因は、産業構造の調整と生産構造の調整とが同時にできたことになる。

第6章　経済体制転換の雇用効果

はじめに

ここでいう体制とは、これまでの政治体制・社会体制とは異なり、それぞれ限定された領域における政策の立案から実施までのシステムの構築に留まらず、広い意味での社会・企業・個人の総合体であるこのような総合体は資本主義と社会主義を超えて、時々混合状態でぶつかり合いながら、リーダーシップのカリスマ性が一時的流行になることもありうる。一九六〇年代アジアの権威主義・開発独裁も、その一例である。あるいは中東アジアの独裁政権のような、政権維持のために国民を犠牲にして社会進歩を遅らせた例もある。いわば究極に市民社会・国民国家のような単純な理念に基づいた社会を構築するようなことを避けて、国民総意を重視しながら国民の生活水準をアップする手段を与える。これまでの体制が長く維持できなかった理由である。国民の不満・不安を払拭することと、留まることをあらためて、国民一人ひとりが自立できるような「個性」を発揮できる社会を築き上げるにはむしろ「仕事（雇用）」以外にほかならない。

一般に、体制問題とは、主に経済体制を意味している。そこで、経済体制の基礎である政治体制に触れなければならない。とくにアジアにおいて政治体制は権利として重視され、資本家階級（ブルジョワジー）は民主主義に貢献できると考えられる。一方、労働者階級（プロレタリアート）には社会的な権利が求められ、階級構造が国家統制構造中において重要視されている。さらにアジアにおいては、ブルジョワジーなくして民主主義なしとまでに言われている。経済体制は主に経済発展を主眼において、経済発展が進められるための組織的なものである。そして、あくまでも効率性が求めることになるため、効率性いわゆる生産性を追求する結果、一部の人が体制から排除されることになる。このようにして社会が階層化され、場合によっては階級化されることもありうる。体制転換には衝撃があるとともに、SSN の中枢にある雇用も影響されることになるのは間違いない。

そして体制転換または体制移行の停滞によって「停滞するアジア」と「貧しいアジア」をも

たらしたことは、一九六〇年代からスタートした経済発展の歴史を振り返ってみれば明白であろう。ここで「停滞」とは、文化の前近代性、識字率、教育水準の停滞を意味する。原因は、アジア諸国が第二次世界大戦前に植民地化されたことにあると思われる。当時独立国だったのはタイだけである。列強に搾り取られ、疲弊し、停滞したアジアというイメージである。たしかにアジアは体制移行あるいは体制転換を求めていくなかに、外国からの影響は否定できない。しかし、根本的にはアジアの社会構造ないし経済構造に問題がある。本章ではこのような問題意識に基づき、体制転換あるいは体制移行は雇用にどのような影響を及ぼすかについて論述していきたい。さらに、アジア諸国における経済発展過程において発生したいくつかの事例を参考しながら、その影響を理論的に究明するために考えるヒントを与えることにしたい。

1. 植民地・小農経済からの脱却

アジアはかつて、直接・間接に植民地支配された経験がある。そしてそのような体制構造を塗り替えようとする努力がずっと続いたわけである。残念なことに、時々このような歴史的な後遺症とも言うべきことを克服する努力が断絶しざるをえなかった時期がある。この点をも正しく理解しなければならない。アジアは小農社会から脱却したかったため、それには農業生産性を上げることしかないという認識があった。それにもかかわらず、当時のアジアをとりまく経済的や国際的環境が農業改革を阻止した。いわゆる植民地宗主国または国家統制の強い重商主義的な体制を整えて国際貿易政策をとらざるを得なかった。ほかの選択肢はなかったのである。ここでは、国家統制というものは、強い軍事力のもとにして経済支配するという意味ではない。一種の経済強制的な政策と言ってもよいだろう。

アジアでは、農民支配の構造が体制転換に大きな影響をもたらした。植民地宗主国は国際貿易を通して、植民地国家への支配が強まることによってアジア諸国の体制転換を遅らせたことは明白である。そのため、自由主義的政策志向や現在の近代的行政制度・現代企業制度（株式会社）のような縦割り、垂直的になっている。概して言えば、アジアでは農民社会（小農経済）によるアジアの国家形成に大きく影響したといえる。特に国家体制ないし経済体制の形成は西欧よりはるかに時間がかかった。勿論、民族紛争の多さはその一因である。

そのようななか、日本は例外なのである。日本においては、前近代的で遅れたアジアではなくなりつつある。しかしアジアの体制転換を描写するために、インド、マレーシア、インドネシア、中国、韓国、タイといった国々に触れなければならない。

植民地経済体制は、とくに権威主義への移行過程において雇用状況が一段と改善されていった。植民地経済においてはモノカルチャー経済が形成された。生産の自由がなく、価格を操作されるのである。労働市場を通して雇用調整ができないため、雇用は殆ど農業に限られている。しかし植民地経済では農業が継続され、農業の消費水準の向上によって工業化を刺激することになる。小農生活を向上させることや、農業雇用を促進したことは否定できないが、経済的サープラスの大部分が本国に持ち去られてしまうから、アジア諸国は一九六〇年代前後、ナショナリズムの遠因で政治的独立運動が相次ぎあった。さらに、土地改革と農業発展という点から、計画的工業化による自立的な民族経済の形成こそが経済発展のための基本的体制となる。しかし、このような体制移行に伴った雇用実態が必ずしも明らかになっていない(1)。

戦後アジア諸国の経済体制では宗主国の植民地政策の影響が残り、体制転換は難しかった。例外として、タイは初めから独立国で、社会主義にならなかったのは、伝統的な政治体制の中での変革が比較的にスムーズに行き、大きな社会変化を起こさせる政治的カオスの状態を防ぐことができたからだと言われている。いうまでもなく、植民地体制は植民地宗主国の援助と啓発による投資環境の整備が経済離陸に有利である一方、独立運動と絡んでナショナリズムの高揚で体制転換と植民地経済からの脱却要因になる。強力的な権威主義であったフィリピンは社会の仕組みを構築したが、経済発展が遅れて所得が低水準に留まり、雇用という手段が有効に利用できなかった。

社会主義体制または社会主義経済体制は、一種の国家統制経済体制といえる。社会主義体制下では、経済発展より国家統制に重点を置き、雇用は国家統制を大前提とした状況において手段あるいは方法となっている。いわゆる雇用対策は社会を安定させる装置として使われることが多い。翻って資本主義経済体制は経済発展と経済成長を目指し、経済の活性化をめざす。生産性を追求する結果、完全雇用はなかなか達成できないのが現実である。理論上では、有効需要が不足に帰結されるが、雇用は調整弁として利用され、常に失業者が存在している。失業者の存在は資本主義体制を維持するために必要とも考えられる。

2. 開発主義から資本主義経済への転換

一九六〇年代アジア諸国に流行した開発独裁体制は、独裁政治を正当化したうえ、経済発展を図ることを目的とするような体制である。一般に開発独裁体制は、単に経済体制だけでなく、政治体制・社会体制とセットで捉えるのが一般的である。例えば韓国（朴正煕）インドネシア（スハルト）、フィリピン（マルコス）などがよく知られている。しかし開発独裁あるいは権威主義が生産的であるか否かに関する議論は、必ずしも結論に至っていない。一般に、コンストラクティズム（権威主義）はパワーを持っている。そのパワーを行使し、既得利益階級に利益をもたらす。このような影響の連鎖は雇用や社会に傷をつけ、なかなか回復できない。なぜならば、回復するための社会的システムそのものが未だわかっていないからである。

そこでこの問題を考えるヒントは、経済成長と経済発展の区別を如何に認識し、そのうえ経済体制に反映させるかということである。むろん、こうした開発独裁体制は安定政権に繋がるという点があり、経済を発展させる可能性があることは否定できない。しかし一九九〇年代からアジア諸国の相次ぐ所得格差の拡大による失業率の上昇は、単に開発独裁体制によるものであるとは解釈できない。

韓国・台湾・インドネシア、マレーシア、シンガポールなどは体制転換に伴って権威主義を実施し、工業化を実現したことはいうまでもない。フィリピン、タイなどは体制転換しなかったとはいえ、工業化を徹底的に実現できなかったことに関連していたかについてははっきりしない。中国・北朝鮮・ミャンマー（ビルマ）は特別で、体制転換よりは体制移行のほうが大きかった。体制移行は根本的な政策が変わらないため、雇用にどのような影響があるかを分析する必要がある。例えば、経済的に失敗していることは明らかではあるが、政治体制と経済の関係は癒着しているから、雇用との関係は不明なところが多い。

一九九〇年代はアジア諸国で体制転換した国が多く、雇用は低迷し、雇用率が低下し、失業率が上昇している。その原因は、一九九〇年代のグローバル化の影響が大きい。つまり、グローバル化は賃金を引き下げるように作用しているからである。

工業化の戦略の出発点は、発展途上国の過剰人口の雇用問題を解決しようとするために、産業構造の転換を図り、人的資本を十分に活用することである。しかし政治体制との矛盾もあり、雇用問題が緊迫し、社会問題となっている。時に政治問題となり、社会安定の応急措置として雇用対策が採用されたことがある。例えば、韓国は一九九七年のアジア金融危機後、失業率が急上昇したため、民主化が進んだとはいえ、労働争議が相次ぎ発生した結果、社会不安に陥り政府機能は麻痺状態になった。そのため緊急雇用対策として規制緩和を行い、正規労働から非正規労働に切り替えて一時的に失業率が回復したものの、正規労働と非正規労働の間の賃金格差が広がり、格差社会となっている。

アジアは「成長するアジア」と言われている。その成長の要因としては市場の経済化、経済改革などが挙げられる。そしてその目的は経済の活性化である。しかし、雇用問題は依然として解決できず、「雇用なき成長」とまで言われている。長期間にわたって低雇用が続いている。

今、アジアが注目されている。それは、アジア経済が活発化して経済成長国が集中しているからである。そして経済の同質化が進み、地域統合・FTAをはじめとした両国間・多国間貿易が進んでいる。この意味では、アジアの経済成長による失業率を引き上げる可能性がある。要するに雇用効果があったものの、一時的性質をもっている。たしかに経済の外部要素の影響でアジア雇用システムの脆弱性が露呈されてしまったことは否定できない。アジア的経済成長は雇用増加に繋がっていない。例えば、一九九七年のアジア通貨危機の影響でアジア諸国の失業率が急速に上昇したことは、その一例である。いわゆるアジアの経済成長は「資源動員型成長路線」であり、生産効率性の上昇によるものではなかった。生産性上昇による「イノベーション型経済成長」では雇用効果が期待される。

一九六〇年代の「緑の革命」はいうまでもなく、生産過程の商品経済化を促進した。だが、農業労働生産性の上昇による過剰労働力が顕在化したことで、工業化初期段階に都市部に多くの雇用機会を提供できなかったため、アジア諸国では一時的失業率が上昇していた。これは体制転換を伴わない雇用調整といえる。つまり、体制転換というより産業構造の転換による急速な労働力移動であり、労働市場が未発達のため雇用調整ができなかったということである(2)。

戦後、アジア諸国は国家振興路線に沿って様々な体制を経験した。権威主義のような、強力かつ非民主主義的、経済面からいえば生産的であるかもしれない。だが、それにもかかわらず、高度成長期を除けば失業率が高止まりしていた。こうした体制に基づいてアジア諸国は市場競争を重視し、輸出志向の工業化を目指しながら雇用増加を図った。市場競争を活かしながらも国内企業を効果的に支援した。しかし、学習効果を活用することにより過剰労働力に雇用機会を提供するという構図が実現できなかった。そしてアジア諸国は、アジア通貨危機に直面した後、方向転換した。経済のグローバル化に適応するように生産工程のグローバル化を目指したのである。つまり、体制転換を伴わない雇用増加を目的とした。しかし生産工程のグローバル化により、アジア諸国では格差が広がり急速に格差社会に進んでしまった。経済構造の脆弱性が露呈してしまったのである。正規労働より非正規労働が普及したことは格差拡大の一因と思われる。

体制を維持しながら工業化を目指したアジア諸国は結局、近代化しつつも雇用問題を根本的に解決できなかった。問題は、その工業化政策にあった。例えば、輸入代替政策は産業基盤が強化され、インフレ整備に伴った公共事業の拡大は、一時的には雇用効果があることは間違いない。また外国資本、とくに直接投資に優遇政策（無関税特例）を与えることにで国内市場の供給能力が増大することは、資本と労働要素の結合により経済発展が合理的なものとある。しかし他方、国内市場の未成熟や農村の貧困や所得水準の低さに起因する国内市場の狭さにより、生産拡大に限界があった。同時に輸出競争力が失われつつも低雇用に止まっていた。もちろん、産業構造の脆弱性により、外部からの経済要素への影響を受けやすい点も考えられる。

中国は、一九七八年から二〇一二年までに経済体制を転換しながら、農業から工業へ産業構造をダイナミックにシフトさせた。しかし経済成長にもかかわらず、それに相応する雇用増加があまり見当たらなかった。生産構造は変化し、生産供給能力が急速に拡大した。それに伴い雇用規模は急速に拡大したが、国内消費市場の未熟さや所得水準の上昇が遅いため需要不足が起こった。農業部門の雇用に占めるウエイトはかなり低下したが、工業部門の雇用のウエイトの上昇は、それに見合ったものではなかった。

ASEAN諸国では天然資源・労働力資源が豊富で、一九八〇年代まで一次産品の輸出に依存していた。一九八〇年代からは構造調整期（停滞期＋調整期）に入り、ドラスチック構造からの脱却が課題となっている。しかし、経済体制と相容れない部分を除去することは難しい。

アジア諸国では「働く貧困層」（working poor）、失業（unemployment）さらに偽装失業（disguised unemployment）が存在している。加えて低雇用問題を抱えている。いわゆる低雇用とは、生存農業を営んで雑業に従事し、社会の生産への貢献が極めて低い労働、そして、労働の限界生産性が極めて低い労働人口のことを意味する。

現在日本の労働市場においては、需要より供給が過剰となっている。これは戦後、人口爆発や高度成長期において労働不足が進み、需要開拓を怠った結果と言える。単一経済社会から多様化社会へと転換し、個性を重視するようになった分、社会体制の転換中において個人の発想のほうが先頭に立った。例えば、個人行動原理として所得の最大化、あるいは効用の最大化を追求することは、今日のように個性溢れる社会であるにもかかわらず、個性を認められる機会が殆どないのが現実である。経済学の目標が生活の質を高めることであるのはいうまでもなく、あくまで経済成長はただ一つの手段である。どちらかいうと、経済学が考えるのはマクロ的社会を重視する。例えば、経済学のなかで最も重要なのは、市場への理解であろう。そして様々な体制のなか、市場を奪い合う時代があった。社会主義体制に基づき市場が存在しないという主張があったかもしれない。しかしそれは、一種の行政手段による統制市場といえよう。

資本主義の今日は「市場の失敗」とまで言われている。社会体制において市場が重要な役割を果たしていることは否定できないものの、流通交易の場としての公平さを保たなければならない。残念ながら、寡占・独占現象は後を絶たず、そのようななか、経済要素として個人がこうした市場におかれた立場は非常に弱い。そうすると、一九九〇年代に始まった世界的グローバル化に伴った市場の再分割は熾烈なものであった。しかし、第二次世界大戦時期の市場独占・資源略奪を目的とした市場戦略と違い、市場が如何にわかり合うかということで、市場共有というのはユニークな発想である。しかし市場共有とはいえ、資源共有ではなく貧困を原因とする就労の機会の不平等問題が見られるようになった。日本は資源を独占しながらシェアを占有する戦略を構築したことは、周知の通りである。資源共有までには至らなかった。

日本は、クズネッツの逆U字仮説に従って動いてきたことを明らかにした。日本は一九八〇年代、高齢化社会に突入した結果、グループ間の所得格差やグループ内の所得格差が拡大した。一般に体制移行、あるいは体制転換は失業を引き起こす。そして人口構造も変化し始める。例えば、女子が労働市場に参加することによって、付加的労働効果により失業率は上昇する。つまり、日本は失業率のバブル崩壊後の傾向的な上昇が、女性の社会進出によるものかを検討せねばならない(3)。

3. 経済体制転換による雇用喪失

体制転換の内容として、よく「レント」という概念を取り上げる。「権益」とは、経済の世界において展開されるはずの自由な市場競争を制限することで、多くの場合、商品やサービスの提供側（生産者）が追加的に獲得する権益のことである。しかし「レント」とは、アジアの固有体制と矛盾しているところが多い。「レント」はどの階級に有利になるかということより社会体制を揺るがすことがある。支配階級であればあるほど社会がますます歪んでいくわけであるから、なるべく大衆階級に向けるとすると、結果として資産家階級が衰退し、社会貢献意識が減退してしまう可能性がある。先進階級では体制転換が遅れることになる。資産階級の生産意欲が減りつづけると、雇用創出が生まれてこない。労働者階級の多くは失業者になり、社会崩壊に繋がりかねない。

「レント」は競争を阻害することはよく論じられている。しかし、「レント」と競争、さらに体制との関係は必ずしも明解とは言えない。体制は競争ゆえに、吹き飛ぶどころか、さらに強固なものになってしまうかもしれない。

生産要素（factor of production）は、生産活動に投入される財貨やサービス全体を表す。具体的には、労働、土地、資本、企業者能力、原材料などである。そのうち労働、土地、資本の三つは、短期的には供給量が一定であるから、とくに本源的生産要素(または第一次生産要素)と呼ばれる。一般的には、生産要素とは本源的生産要素の意味で用いられる。生産要素としての資本（capital）は、近代経済学における生産三要素のひとつである。しかし、マルクス経済学では資本とは自己増殖する価値の運動体のことである。

雇用は短期的には供給量が一定であることから、雇用と労働を区別しなければならない。労働（labor）とは、奴隷制の一形態として人間が肉体や道具を用いて対象に働きかけ、人間という動物にとって有用なもの、無用なもの（産業廃棄物など）を作り出す行為である。また、商品としての労働力は、肉体や頭脳を提供する代わりに、賃金を得る行動であるとも定義され、賃金奴隷制度ともいわれる。労働（labor）は、社会的存在としての人間が、その生存を維持するために行う活動を、生産と消費に大別することができるとすれば、生産を支える人間の活動が広義の意味である。労働は、生産手段や生活手段をつくりだす人間の活動を意味し、労働力の使用は生産と消費を意味する。

現代経済学における資本は、土地や労働と並ぶ生産三要素のひとつである。また、過去の生産活動が生み出した生産手段のストックであり、工場や機械などの固定資本、および原材料・

仕掛品・出荷前製品などの流動資本からなる。資本の蓄積によって、生産活動の拡大を図ることができる。資本は多くの場合、以下の3つに分けられる。金銭や株式などの金融資本、建物や設備などの物的資本、そして労働者の教育程度や健康状態を含めた人的資本（ヒューマンキャピタル）である。東南アジアでは人口密度が比較的低く、生活は比較的楽で、他の国とは価値観が少し異なる。また、社会的圧力（差別）の相違が原因であることからくる、人口と資本の補完関係が見られる。

しかし、体制転換に伴った経済の民主主義が非生産的であるか否かについては、結論付けられない。民主主義は、レントを追求する行動が見られることが事実である。レントと体制転換との関係について言えば、体制転換の過程において、政府政策が意図的にレントを追求する傾向がある。しかし、レントは経済の非効率をもたらすこともあり、開発主義を肯定することにもなる。例えばアジア諸国の権威主義政権が一九六〇年代から流行し、一時的に社会経済が圧政されることになった。強制的な政策により市場を無視した結果、雇用率は短期間で著しく上昇した。しかし、脆弱的な経済構造では体制転換に伴った衝撃に耐えられない。権威主義を経験した多くの国では、社会の近代化の程度、政治民主制度の未成熟という問題が指摘されている。

経済の近代化と民主主義の間には強い相関関係があるため、市民社会の発達や中間層の登場、政治的制度化と密接に関連している。経済民主化の登場は、経済体制転換に伴っている。近代化は、まず経済の近代化が求められ、それを達成するための手段ともいえる。つまり、経済の近代化（経済発展）が民主主義と密接な関係にあるとすれば、こうした体制転換に伴った雇用への影響が大きかった例は、社会主義経済体制から社会主義市場経済へと転換をはかった中国がある。経済体制は市場経済に任せ、社会主義という前例のない試みは、失業率の大きな上昇をもたらした。失業率の上昇傾向はトレード的になっている。市場経済理論上、経済成長に伴った収束も見られない。当然、人口構造上の問題もある。

体制転換過程において、政策措置として多くの雇用機会を提供することで、所得水準の上昇により国民生活の質を高めることが基本的な考え方である。そして所得再分配の平等が実現できれば、社会はより高いステージに進む。この中で、雇用水準を大幅に高めるのが重要である。体制転換は常に効率をめぐって動いていた。過剰需要がある場合、効率性の上昇は経済全体にプラスになる。そして、小さい政府を目指すのも効率性の問題に帰結することができる。民間に任せる体制は、このような方法である。しかし、緊縮財政を代表としたケインズの雇用理論は、政府主導による雇用の創出を主張する。

開発独裁主義の流行は雇用機会の創出を阻害することになり、製造業における雇用機会が生まれてこなかった。原因はクローニー・キャピタリズム（Crony Capitalism）（コネ重視型資本主義縁故主義）であることは否定できない。さらに、寡頭支配（オリガーキー）により貧困の撲滅や生産的雇用機会の創出が遅れることになる[4]。

体制転換過程においては、よく経済パフォーマンスがある。しかし、経済サブ・システムが整備されておらず、経済全体のシステム形成に阻害要因となる場合がある。東南アジア経済の成長と停滞は、体制移行や体制転換に関わっている。それら諸国は経済発展が遅れているため、雇用問題に頭を悩ませている。そしてほかの国と同様に、貧困層が有する唯一の生産的資産である労働力の活用がなかなかできない。しかも貧困層の規模は意外と大きかったのである。

体制転換による賃金と物価はスパイラル的に上昇し、競争力が低下するという悪循環に陥って失業を増大させるおそれがある。たしかに、社会主義制度を堅持しながら民主主義制度を確立できたロシア（旧ソ連）という前例があったにもかかわらず、経済成長と民主化の両立にうまく対応できなかった。失業問題はむしろ深刻である。

体制転換による産業構造の変化は、雇用に大きな影響をおよぼす。例えば、中国は一九八〇年から二〇〇〇年において、労働力構成が農業部門で大幅に減少し、第三次産業であるサービス部門に大量に流出した。その背景として、工業部門における雇用創出効果が限られていたため、第三次産業へ移行していったことが考えられる。

アジア諸国における過剰労働力の原因と考えられるのは、低生産性である。生産性が低くなればなるほど過剰労働力が増してくる。しかし、体制転換はどのくらい生産性を上昇させたかを検証すべきである。それから体制転換による生産性上昇に伴う雇用増加、または雇用減少はなぜ起こり得るかを課題として、今後さらに検討する必要がある。

こうした経済体制には脆弱性がある。つまり、外部経済からの影響を受けやすいということである。一九九七年に発生したアジア金融危機は、その一例である。失業が増大した結果、経済は混乱に陥った。加えて、労働市場をはじめとしたSSNの未整備が危機に拍車をかけて、アジアの雇用問題に新たな問題をもたらしたのである。

注

（1）植民地経済によりモノカルチャー経済構造が形成された。その特徴として、生産の自由がなく、価格は操作されることになる。一方、農業の継続や農業の消費水準の向上、工業化を刺激したこと、小農生活の質の向上、農業雇用を促進したことは否定できない。しかし残念ながら、経済的サープラスの大部分が本国に持ち去られてしまい、経済の長期発展には決してプラスとはならない。

（2）一九六〇年代「緑の革命」の評価については、生産過程の商品経済化を加速したうえ、農業労働生産性の上昇による過剰労働力が顕在化したことで農業近代化に貢献したといえる。その反面、工業化の初期段階で多くの雇用機会を提供できなかったため、都市部に流入した農業従事者が仕事に就けず貧困者になったケースがしばしばあった。社会保障制度の未整備のため格差拡大を招いたことは事実である。

（3）日本では、人口の高齢化が格差を生ませた原因だと言われた。一九九〇年代「団塊の世代」の定年時期が人口高齢化の入り口と重なっていたためである。勿論、年功序列・終身雇用といった雇用制度が根本の原因である。加えて、日本の労働市場は流動的ではないため、業種間の賃金格差が固定化されていることが所得格差の遠因といえる。

（4）東南アジア諸国は過去寡頭支配（オリガーキー）の歴史があった。例えばフィリピンではアキノ政権が一九八六年2月「中期フィリピン：開発計画」（一九八七―九二）を発表し、その計画目標値は、実質GDP成長率が6・8％、1人当たり成長率が4・4％、貧困線以下の世帯数が45％などとする。開発目標は、貧困の撲滅、生産的雇用機会の創出、平等と社会正義の推進、持続的な経済成長の達成とされており、そのための開発優先分野として、農業開発および雇用創出を期待できる労働集約型中小企業の発展が重視されていた。つまり、雇用重視型経済成長を目指していた。

第7章　経済のグローバル化と所得格差の拡大

はじめに

本章では一九九〇年代以来、グローバル化の進展が国内の、あるいは国際間（先進工業国と途上国（新興国、中国・インド））の所得格差にどのような影響を及ぼしたのかに限定して議論していきたい。[1] 以下では、所得、所得格差をキーワードとして念頭におきながら、所得格差が生まれる背景にある政治経済的要素を主題に分析する。単純に経済要素を追求するだけでは所得格差が拡大（縮小）するメカニズムを解明することは難しいと思われる。

1. 市場経済下の技術格差

技術とソーシャルキャピタルが導かれた社会において、技術の進歩による生産性の上昇は経済成長に寄与している。経済成長は経済成果の拡大によって、技術革新も促進することになる。実際は、このような良性的循環が経済成長を成功させることからわかる通り、経済成長を前提条件として想定した社会経済的枠組みが実現できるということである。広い意味で、社会進歩ないし技術進歩にひそかに組み込まれた経済成長というものは、それ自体にもメカニズムのようなものがあり、必ずしも技術・社会の基準と合致するとは限らない。技術・経済・社会の三者間の相互作用や、お互いにどのような影響を及ぼすか、未だ課題が多く残っている状態である。

しかし、これまでの社会進歩は多かれ少なかれ、経済成長を前提とした社会経済の仕組みによる不均衡状態の経済要素（資本・労働・技術）を活用して、有効的に配分した結果と言われている。経済成長の恩恵を受けながら低次元社会から高次元社会へと次々変わってきたのは、経済成長のおかげであると言っても過言ではない。だが、ここで注意しなければならないのは経済成長が、上述したメリット部分のほかにデメリット面もあるということである。それは、社会にも作用している。経済成長そのもの、経済成長の本質並びに成長過程において生じうる様々なデメリットが、社会に影響する可能性はよくある。なぜならば、経済成長自体に不均衡性があって、それに関連して引き起こされた社会的衝撃を防ぐシステム的メカニズムには、今も多くの課題が残ったままであるからである。また経済成長の不均衡性は、低水準均衡成長から非均衡成長、並びに高水準均衡成長へのプロセスにおいて所得格差問題をもたらす。周知のクズネッツ仮説は、その一例である。いわゆるクズネッツ仮説とは、経済発展とともに所得格差が拡大した後、階層における所得が縮小していくという過程、つまり逆U字曲線のように変動するというものである。しかし、クズネッツ仮説はアメリカ・イギリスのデータに基いて発見されたもので、必ずしも発展途上国の経済に適応するとは言い切れない。経済成長ないし経済発展は、その国の初期条件や自然資源の賦在状況に関わるからである。

現代社会を成立する前提条件である経済成長は、あくまでも一種の「手段」であり、しかも有効な手段であることは証明されている。一方、短期的な経済成長過程において、常に経済格差を生じたりすることもよくあることである。例えば、アジア諸国では一九六〇年代初頭からアジア的二重構造を解消するために、輸入代替型、輸出志向型、重工業型のような様々な工業化を試みた。農村都市間ないし農工間の経済格差を縮小しようとしながら、従来の小農社会を変革させ、現代工業社会を目指した。このなかで、日本・韓国のような自国の労働力資源を最大限に活用して経済成長を成功させた国もあれば、インドネシア・フィリピンのように、巨大人口を抱えながら経済格差が一段と拡大した国もある。つまり、工業化および工業化に伴った都市化というような、従来の経済成長のプロセスのなかで、経済社会は低水準均衡成長から高水準均衡成長過程において格差が拡大するか、それとも縮小するかということは、国・経済体制によって異なるのである。単純に工業化戦略のような産業政策だけに依存するのでなく、その国の政治経済制度または経済の外部要素も関わってくる。このような視点は、所得格差問題を分析する際に重要である。

2. 生産要素とその特性

一般に、所得とは経済活動に参加し、生産活動のために提供した労働・資本・技術などの生産要素の代価として受け取る報酬をいう。所得格差が拡大するか、それとも縮小するかは経済発展段階に関わるのではなく、政治制度や社会体制からの影響も受ける。またミクロ的視点を考えれば、経済社会において労働要素である人間の能力と密接に関連している。所得格差はないことが望ましい。だが、現実には、人間の能力には大きな多様性があるので、所得を人間の能力によって平等に分配することは公平さを欠く一方、人間の能力の多様性とは矛盾するところもある。格差は経済成長過程の中間産物でありながら、資源配分を効率的な配置に変えていくための手段でもある。とくにこのような手段は、市場経済において所得配分による再生産が行われる際によく使われている。ここで注意しなければならないことは、資源配分される際、効率性と平等の間のトレード関係が作用しているから、平等には結果、そして機会の平等等、様々な側面から捉えることができることである。そこで、平等を論じる際も、効率性を強調しなければならなくなる可能性がある。

所得格差を規定する要素は所得の定義からわかるように、個人所得は市場経済において労働市場で決まる。所得が個人間の能力によって分配されるとすれば、市場の判断に委ねざるを得ない。本来であれば、市場経済において熟練労働と未熟練労働との賃金格差が生じるはずである。いわゆる労働技能の熟練度は、所得格差の原因である。さらに、時に政府の介入が強くなると、逆効果となる場合もありうる。政府は様々な公的規制をかけて所得を公正的に再分配しようとしているから、結果的に市場に干渉することにあり、市場の機能が弱まると、市場分配の本来の機能が失われる可能性がある。

所得分配というシステムは、社会的安定化装置としても機能している。資本主義経済のなかで大きな発展を遂げてきた先進工業国は、このような資本主義固有の格差による社会不安の問題を所得再配分制度によってその解消をはかってきた。例えば、不平等をなくすことを目的とする累進税制、地域格差の解消のための地域間の所得再配分、失業保険、教育や医療などへの政府関与などをセットにして所得分配を平等に分配することができる。しかし、前例もなく発展途上国の急成長をやり遂げた多くの途上国は、先進工業国のような社会的安定化装置をはじめとする諸制度を整備するノウハウも時間的余裕もなかった。そうしたなかで、所得格差などの格差問題が社会不安を引き起こすことになる。

格差問題ないし所得格差問題は、概して先進国よりも発展途上国の方がより深刻である。とくに主要新興国である中国、ブラジル、インドは経済成長に伴い急速に所得格差が拡大しており、経済発展に伴う所得格差が収斂する傾向が見られない。これらの国々の特徴は、資本主義経済の導入に伴う市場開放によって一部の豊かな人を生み出した。農村あるいは都市部の低賃金層は豊かになっておらず、社会は二極化している。経済問題よりむしろ社会問題となり、経済成長とともに、いかに平等に所得分配あるいは再分配できるかが鍵となる。[2] 疑問として、市場主義のなかで所得格差が生じるのはなぜであろうか。そして、長期的に格差は自然に解消できるかが、これからの課題である。

3. 外部経済性と賃金変動のメカニズム

所得格差については既に述べたように、経済発展段階や経済体制・制度および外部要素に関連している。また社会体制により所得格差が縮小あるいは拡大する傾向が異なる。ここでは、所得格差と所得格差の拡大をわけて議論したい、当然、所得格差に関して「市場経済のなかで所得格差が生じる」、あるいは社会主義の論理は様々であるが、本節は一九九〇年以来、先進国・発展途上国ともに所得格差が拡大している実情を踏まえ、しかも社会構造は異なるという点に注目し、なぜそうなったのかを意識しながら問題の本質がどこにあるかを探ってみたい。

一九九〇年代、世界範囲でのグローバル化により従来の南北問題が変容した。つまり、南北問題を単純に生産性の格差として捉えるのではなく、新たな国際分業による国際間の格差問題として提起されるようになった。グローバリゼーションが、地域間の格差拡大を加速させているのである。実は、途上国の安い賃金の労働者が作る物がたくさん入ってくるようになると、先進工業国の国内ではその労働者たちを上回る技術、能力、適応力を身につけていない人の賃金には低下圧力が働き、国内の所得格差が拡大する。

一九六〇年代から今日まで続いた南北問題は、先進工業国と発展途上国との間の生産性格差に起因し、貿易不均衡の拡大につれて先進工業国と発展途上国との経済格差が拡大している。その結果、発展途上国ではますます貧困化している、というのはこれはこれまでの先行研究の文脈である。実際に先進工業国と発展途上国のそれぞれの経済特徴を勘案すれば、経済発展の初期条件や自然資源の賦存状況も相当違うので、貿易拡大による格差を拡大するという国際経済学の命題に必然性があることがわかるのであろう。従来の先進工業国では生産性（労働・資本）が高いため、工業製品が発展途上国へ輸出され、途上国（新興国）は生産的過剰労働人口が大量に存在し、しかも農業国が多いので、労働集約的製品を先進工業国に輸出すれば、資本財の購入ができるようになる。さらに一次産品の輸出に加えて、貿易拡大に伴う発展途上国においては中間財だけではなく、資本財も生産できるようになると、先進工業国と発展途上国の格差が縮小していく。

一九九〇年代以後、水平より垂直的な国際分業がさらに進んでおり、加えてグローバル化の進展で市場経済の活動が活発になり、南北間の経済格差が拡大している。このようなグローバル化の進展を「国境を越えて市場活動が拡大する」ととらえ、発展途上国や新興国は資本主義市場経済における世界規模の市場活動にさらされるようになっていった。要するに、先進工業国の産業が未熟練労働部分を発展国に移転したことによって製品価格を下げ、技術開発に専念できるような産業政策に転換したといえる。そこで先進工業国国内において、途上国や新興工業国からの低価格の商品との競争による国内低賃金労働者の所得の低下が、熟練労働者との所得格差を拡大したわけである。この意味で、グローバル化の進展が先進工業国国内、あるいは国際間の所得格差に大きな影響を及ぼしたといえる。

ところで市場経済活動と所得格差には相関関係があるのだろうか。たしかに、一九九〇年代以後相次いで市場経済を導入した新興国中国、ブラジル、インドは経済成長に伴い、国内において所得格差が急速に拡大し、地域格差も広がっている。世界で最も市場経済活動が活発に行われている先進工業国であるアメリカは、ほかの先進工業国に比べて所得格差の開きが大きい。他方、中国のような市場経済化によって近年急速に経済発展を遂げている国では、富裕層と貧困層の格差が大きな問題となっている。「市場経済活動が活性化すればするほど格差が広がる」という考えを皮相的にみれば言えそうではあるが、その背景にあるのは一九六〇年代からの南北問題である。先進工業国と発展途上国との間に存在した生産性の格差が、一九九〇年代に新たな国際分業によって大きな影響を及ぼしたわけである。このように南北問題の経過をさかのぼれば、技術進歩の差が今日の先進工業国と発展途上国の国際間の格差問題に影響していることがわかる。中国では確かに、富裕層の出現によって格差が拡大している。しかし30年以上の持続的な高度成長によって貧困問題が格段に改善し、貧困人口が8割減ったことも事実である。インドでは、新経済政策（NEP, 1984）の実施によって貧困人口規模は急速に縮小している。一方で、所得格差にはそれほど拡大が見られなかった。それはなぜであろうか。その訳は、経済要因以外にもインドの独特な社会体制・民主主義制度と強い関係があるとされている。

アメリカの、アジアへの直接投資の投資先は、主に労働集約型産業であった。そのようなアジア諸国の労働集約的製品がアメリカに輸入されてから、アメリカ国内労働市場において低賃金労働者の雇用機会が奪われることになる。アメリカ国内の巨大消費市場はアジアにとって魅力的で、アジア諸国の一次産品および初級工業製品の輸出先は殆どがアメリカであった。それから一九九〇年代以後のアメリカ貿易総額からみても、アジアとの加工貿易が上昇していることから、アメリカ国内労働市場において労働集約的製品に関連する低賃金労働者の雇用機会が

奪われ、失業者の増加に繋がっている。それは、アメリカ国内とアジア諸国の所得格差に大きな影響を及ぼした。(3)

一九九〇年代以後の国際分業の特徴としては、先進国ではますます技術革新・技術開発に専念し、発展途上国では単純な重複労働を中心に、労働使用型技術を応用する分野を重視している。発展途上国のマンパワーと、潜在的消費市場を最大限に利用する点は評価できる。そして先進国は、技術支配的地位によって発展途上国との経済格差がますます開くようになっている。

その一例として一九九〇年以後、アウトソーシングという生産工程のグローバル化が流行っていることを挙げたい。(4) 海外直接投資などにより単純労働が先進国から途上国へ移転し、先進国、途上国ともに技能労働への需要が相対的に増大し、そして技能労働者の所得が高まる。その結果、先進国、途上国ともに賃金格差が広がる。最後にアメリカの労働市場において、定型的な仕事あるいは労働集約型の仕事が減り、抽象思考を要する仕事が増えていく（Autor, Levy and Murnane, 2003）。アウトソーシングとは、先進国内で行われている経済活動の一部が途上国にシフトする現象である。もっとも象徴的な事例としては、先進国内の情報処理などの仕事がインドなどにシフトして行われているケースである。製造業の現場でも、非常に労働集約的な工程部分が発展途上国などで行われる。そのメリットは途上国の貧困問題の軽減に繋がる。一方、デメリットは途上国も先進国にも所得格差の拡大をもたらすことである。先進国においても大量の失業者が生まれることになる。いわゆる先進国の雇用機会の喪失問題である。全体的背景としては、世界経済は低成長による雇用減少という悪循環に陥っており、主要国家の失業率は上昇していると考えられる。「経済などのシステムが国を超えて世界的なものになる動き」というような経済学的グローバル化は、活発な国際的労働力移動と資本移動により国際分業の加速・生産周期の短縮などをもたらした。これは、一九九〇年代以後流行した「新自由主義経済成長理論」の影響と考えることができる。これらの問題に対しては、理論研究だけでなく、グローバル化を通して技術普及による格差への影響を明らかにするために、綿密なデータに基づく実証分析が必要である。残念ながら新自由主義経済成長理論はアジア諸国が受け入れ、二重構造を解消しないままで混合経済になったことが見受けられる。

注

（1）一般に、一九九〇年代の世界規模での経済グローバル化の影響は、賃金を引き下げるように作用している。つまり、先進国の新たな国際分業で定型労働が途上国に移転した結果、先進国も途上国も所得格差の拡大をもたらしたと指摘されている。

（2）イエール大学教授エイミー・チェア著『富の独裁者』（光文社）を参照。

（3）「自由な市場経済」（Liberal Market Economics: LMEs）はアメリカが代表であり、ほかにイギリス・カナダ・オーストラリア・ニュージーランドなどのアングロ・サクソン諸国が含まれる。職業訓練時間を有しないから、企業間における労働力の流動性は非常に高い。アメリカ「アングロ・サクソン型」は柔軟性が高いが安全性は低い。反面、ＥＵの単一市場内では財・サービス・労働・資本の移動が自由化されている。言語・社会・文化的相違、資格や社会保障などの制度の障壁など多くの阻害要因があるため、労働移動は低調で労働市場が分断する度合いが大きい。

（4）アウトソーシングとは、先進工業国内で行われている経済活動の一部が途上国にシフトする現象である。とくに一九九〇年代以降、ＩＴ情報技術の普及や高速ケーブル通信技術の進展により定型的に技術操作できるような仕事を発展途上国に大量に移転することが可能になった。そこで、先進工業国国内では技術開発等、非定形的な仕事に専念し、発展途上国では定型的な仕事、あるいは未熟練労働を集中するような新たな国際分業が形成されつつあった。

第8章　雇用機会の不平等と所得格差の拡大

はじめに

経済グローバル化の進展により、一九九〇年代以降、世界規模で国境を越えて市場活動が拡大している。多くの発展途上国や新興国が世界規模の市場経済活動にさらされると同時に、先進工業国の産業が、途上国や新興工業国の低価格の商品との競争にさらされることもある。このようなグローバル化の進展が国内、あるいは国際間の所得格差の拡大に大きな影響を及ぼしたと言ってよいであろう。このような問題意識から、一九九〇年代以来のアジアの所得格差拡大のメカニズムを見てみよう。近代化されつつ都市化されたアジア、停滞するアジア、エキゾチック・アジア、そして変化していくアジアは、経済発展を遂げつつも雇用問題に柔軟に対応することが求められている。

そこで、本章では、アジアにおける経済発展における経済成長および雇用を対象として、アジア経済が発展してきた道を辿り、これによってアジアの雇用問題を考えてみたい。ただし、経済発展の目的は国民生活の質を改善することであり、雇用が有効な手段として使用されると考えられる。

本章では、アジアの雇用問題を対象として雇用の問題点を整理する。そして、経済成長との関係を明らかにしながら、製造業を中心とした雇用構造からサービス業への転換の可能性を展望する。

1. 経済発展による雇用促進

アジア諸国では依然として、雇用問題・経済発展問題・人口問題など多くの問題を抱えている。一つが人口構造で、曲がりなりとも雇用創出に課題のある国は少なくない。

アジア諸国では経済発展を遂げながら、GDPが増大し始めたにもかかわらず、貧困が拡大し続けている。では、われわれが問題とする、開発途上国の雇用格差はどのようなものであるのか。

経済開発を推し進めるために、外資導入や市場開放などが行われる。問題は政府がこの一連の市場開放や生産活動の拡大によって作り出された雇用機会を、どのように分配するかを十分に考慮していないことである。例えば、中国は一九八〇年代初頭から経済成長とともに雇用量が年々増加している。にもかかわらず、雇用格差が拡大している。

雇用を増やすには経済成長が先で、経済成長さえすれば雇用も増えるし税収も入って、経済問題も財政問題も解決するという意見がある。だから、政府も努力して成長分野を探し、企業に頑張ってもらいましょうというわけである。しかし、成長分野では生産性との矛盾はよくあることなのである。

工業化のお陰で、アジア諸国の多くは貧困状態から脱出することに成功した。とりわけ日本は、比較優位性を活かして先進国入りまで果たした。しかしアジア諸国は、工業化の恩恵を受けながら所得格差の拡大や雇用低迷問題に悩んでいる。まさしく人口優勢が人口オーナスになり、先進国のように有効需要不足が見られるようになっている。

この現象は「雇用に伴われない成長」と見ることができる。それゆえ、現在の雇用低迷と停滞から脱却するためには、産業構造の転換・労働市場の市場化を改革措置として講ずる必要がある。

経済発展段階における雇用機会の変化および決定要因は、経済成長の段階によって異なる。経済発展理論に従えば、経済発展と雇用との関係を見るために、経済発展を初期段階、中期段階、後期段階、成熟期と分けることができる。

2. 雇用機会とその配分

所得格差と政治体制との関係は、これからの課題になるであろう。例えば、システミックピースセンター（Center for Systemic Peace）の政体IVプロジェクトから得た政体指標による研究の結論によると、インドでは一九九〇年代以後、実質GDP（国内総生産）からみた成長率では中国と同様に高度成長を遂げつつありながら、所得格差が拡大しなかった。その主たる原因は、インドの民主主義政治体制と直接関わっているからであった。インドでは近年、中産階級の台頭が見られたが、地域間の格差拡大が問題となりつつある。それは連邦制度、あるいは州の独立性があるからである。インドの識字率は非常に低く、基礎教育が弱い一方で、高等教育が普及しているという教育の二極化が進んでいると言われている。加えてインドの産業構造は製造業を発展させる工業化の道ではなく、サービス業を中心とした産業を優先させるという構造であり、雇用者所得の格差が小さいとされている。加えて、消費者物価指数の上昇や高インフレ率は富裕層の財産を減価させる効果があり、それが所得格差が拡大しなかった原因になっている。

一方、中国では鄧小平が「先富論」を提唱し、一部の人が先に豊かになりつつあるが、逆に多くの人、特に農村部・辺境地は依然として貧困状態にある。[1]つまり、都市農村間の所得格差が急速に拡大しているのである。その要因は、経済成長よりも制度的変化が考えられる。それまでの社会主義経済体制に市場経済の要素が導入され、混合経済状態を目指している。要するに、経済発展に伴う現代中国の平等な所得分布は、クズネッツが考えるような経済発展の結果ではなく、むしろ改革以来の制度的変化によるものであった。中国の国情として、80％だった貧困層が改革開放の嵩上げによって、その50％くらいが貧困状態から脱出できたのである。そのうち富裕層は5％前後で、さらにアッパーミドルクラス、ローワーミドルクラスを入れると10％前後の人が小康生活水準に達したと思われる。興味深いところであるが、より理論上分析する必要がある。

所得格差を論じる際、経済の効率性と公平性の関係はよく論じられる。発展途上国は経済の効率性を求め、経済の公平性を失ってしまう。それは何故であろうか。富の再分配が進んでいないことと、分配そのものがうまく機能せず、単に供給能力の拡大による経済成長のためといえる。経済の効率性と公平性の双方を同時に高めるのが望ましいはずである。また、賃金格差が小さければ、それが平等な社会であるというイメージがあるが、それは低水準均衡成長の条件下でしか成立しない。社会主義は労働に対して公平さを強調して分配を行う。資本主義条件下の分配は効率性を目指して市場に主眼をおく。両者の間を単純に比較することができない。

アメリカでは個人主義的な考え方が盛んであり、景気好循環のために生産性の上昇や経済効率を高めるのは不可欠で、ある程度所得格差が拡大するのはやむを得ないという主張が主流である。しかし、個人の能力よりも集団を重視する日本経済や中国経済においては貧困撲滅を目指して所得格差で抑えようとしている。日本はアメリカに比べて所得格差が小さい。中国は改革以後の急速な経済成長により所得格差が拡大しているが、一方で貧困者数は確実に減っている。所得格差の拡大につれて熟練労働者の賃金が上昇する一方で、未熟練労働者の賃金はさらに低下し、多くの未熟練労働者が失業者になる可能性がある。そして、潜在失業率が上がる。

つまり、単純労働者と熟練労働者の間にはトレンド関係が存在しており、熟練労働者と未熟練労働者の間には賃金格差が拡大しやすくなるような仕組みがある。熟練労働者の方が未熟練労働者よりも雇用数（労働者数）が大きく拡大している。熟練労働者の供給が未熟練労働者に比べて大幅に増えているにもかかわらず、熟練労働者の相対賃金が大きく上昇している。

日本の完全失業率は一九九〇年代以後5％前後で変動していたが、欧州諸国と同様に若者の失業問題が深刻で、常に10％前後を上下している。その原因は、日本の産業構造にある。グローバル化に伴って企業の海外進出が加速し、国内産業の空洞化が進み、経済の自由化に加えて産業構造のサービス化が急速に進んだ結果、労働市場もサービス化が進んで若年者との間にミスマッチが起きている。

経済格差と所得格差を混同する場合がしばしばある。所得格差に影響する諸要素に、経済要素が中心的役割を果たしているからである。一般に、所得格差を規定する要因は経済だけではない。また経済発展によって所得格差が拡大したり、縮小したりする。(2) 発展途上国においては、経済要因の他に「制度的要因」、あるいは「歴史的要因」などが挙げられる。とくに発展途上国には巨大な生産的過剰労働力が存在しているため、賃金格差が拡大し、所得格差に大きな影響を与えている。つまり、低賃金労働者の賃金が抑制され、熟練労働者と非熟練労働者の格差はますます拡大していく。だが日本・台湾・韓国（東南アジア諸国連合ASEAN）の成功例もある。経済成長と共に平等な所得分配を同時に達成できた。しかし東アジアでは、「急成長と不平等の低下といった2つの結果が、いわゆる東アジアの奇跡として知られているものの特徴である」と指摘されている。一九六〇―八〇年代の間、東アジアは極めて平等な地域であったといえる。

所得は経済的要因だけではなく、自然状況や社会的変化にも依存している。時々は歴史段階に応じて、特定の社会政治的変動が中心要因となる。例えば、同じ新興国である中国・インドの所得格差はそれぞれの経済および政治的要因に応じて、様々な過程が現れた。単にクズネッツ仮説のように、所得格差と経済発展との間に単純な関係が存在するという問題ではなく、何が所得格差の変化をもたらしたのか、そしてその所得格差の変化が、社会制度の変化や政治体制の転換にどのように関連したかを見極めることが大変重要である。

3．アジア的工業化と所得分配

所得格差の解消をするために、試みとしてアジアでは労働集約的工業化を目指している。東アジアの国々では労働集約的な工業化により、所得格差を悪化させずに経済発展を遂げることができた。一般に、資本集約的な輸入代替工業化の下では所得格差は拡大し、労働集約的な輸出志向工業化の下では所得格差は縮小する。台湾が労働集約型的工業化によって所得格差を抑制できたのは、その成功の一例である。労働集約的工業化は雇用創出によってなるべく多くの過剰労働力に雇用機会を提供し、所得水準の上昇に繋げるように努めた。しかし、同時にそれは資本集約的工業化によって所得格差を拡大させた。その原因は、技術者や熟練労働者に対する需要が増大した結果、これらの職種の賃金が上昇し、ほかの職種との間の賃金格差が生じたことにある。

クズネッツの逆U字仮説では、先進国・開発途上国における過去の経済発展と所得分配について実証研究を行った結果、前工業化社会から近代工業化社会への移行過程において所得格差が拡大し、その後安定期を経て経済発展が進むにつれて、逆に所得格差が縮小するということがわかった。この過程では、産業構造の転換や労働力の質に対する需要のシフト等が深くかかわっている。クズネッツ仮説においては、先進国の所得分配が歴史的に平等化してきた事実に基づき、発展途上国に適応しうるかが問題である。クズネッツ仮説の内容は、経済発展初期段階の低生産性部門から高生産性部門への移行過程において、経済成長を優先すれば所得格差の拡大は避けられないことを示している。そして経済発展成熟期では、拡大した格差を縮めるために、政策的介入（所得再配分）がしばしば行われることも事実である。

オーシマ（1989）は、「経済発展過程における所得分配の変化が逆U字になる」ことより、「逆U字曲線は時間そのものに関連付けるのではなく、農工転換のタイプや一国が実施する開発戦略のタイプに関連付けることの方が重要である。」と指摘している。発展途上国では労働供給過剰状態にある、労働過剰から労働不足への転換点は、一般に所得格差の転換点と同じである。

アジアは一九七〇年代、経済成長と平等な所得分配が両立する開発政策を模索した。そのようななか台湾は、輸入代替から輸出志向という産業政策の転換により、労働集約的工業化から生じる所得格差を拡大させなかった。インドネシアの失敗の例もある。そして日本・台湾・韓国などでは、社会資本整備による雇用創出、所得格差の拡大を防ぐ手法の有効性が実験された。またオーシマ（1989）が指摘したように、「所得格差に影響を与える要因を考えるとき、一人当たり所得水準よりもその国の特徴の方がより重要」なのである。

産業構造の転換は、所得格差に影響している。労働集約的工業化から資本・技術集約的工業や第三次産業への転換、つまり産業構造の高度化の過程において、賃金格差を伴って構造変化を起こしている経済は格差が大きくなる一方で、構造変化が終わりに近づくと今度は格差が縮小し始める。非熟練労働を多用する製造部門は海外移転していく。そして非熟練労働に余剰が生じ、その賃金を停滞させていくかもしれない。それが、所得格差の拡大に繋がる一要因である。

一九九〇年代以後、主要国家の失業率が上昇している。アメリカは産業構造のＩＴ化による国内消費市場の低迷で、失業率が高水準のままである。日本は「失われた十年」から景気回復したが、規制緩和や構造改革による労働市場の非正規化によって失業率は悪化している。一九九〇年代以後の主要国家のGDP成長率は、先進国では低成長であったのに対し、殆どの発展途上国は高度成長に入っている。

グローバルな視点からみると、国際的資本・労働の流動の進行と新自由主義的経済成長理論の浸透によって、先進資本主義諸国・発展途上諸国を問わず、「雇用なき成長」という雇用問題を抱えている。つまり、経済が成長したにもかかわらず、雇用環境が悪化しているのである。就業率は低下し、失業率は上昇し続けている。それに伴って、不平等の拡大や貧富の差の問題が急速に広がっている。またこのような不平等のインパクトは、平等化の効果を相殺してしまう。

アジアの労働集約的工業化、いわゆる雇用型の工業化をどう評価すべきか。そしてその教訓は何であろうか。アジア農村部における「緑の革命」は土地生産性の上昇をもたらした。そして農業生産性の上昇に伴う農村労働力の都市への流出は急速に進んだが、都市部には農村からの過剰労働力を吸収する能力がなく、都市部自身も雇用問題を抱え込むというのが、アジア諸国の課題であった。つまり、就業機会より、所得格差による労働力移動といえる。本来の雇用型の工業化と異なり、雇用は目的ではなかった。「緑の革命」は農業機械の普及および品種改良などにより、土地生産性の上昇をもたらしたと同時に過剰労働力人口を顕在化させ、農村の雇用調整機能の限界を露呈させた。その結果、農村の余剰人口が都市へ移動する「雇用型工業化」になり、雇用機会を作り出すことが最重要な課題となった。つまり、労働力資源の活用が課題となっている。人口爆発によって増加した農業人口をいかに非農業人口部門に吸収させ、希少な可耕地に対する人口圧力を軽減しうるかが問題となるのである。この過程において、韓国・台湾などのNIES、ならびに東南アジアの一部は、農業開発に大きな成功を収めた典型的な例もあれば、フィリピン・インドネシアのように失敗した国々もある。農村における余剰労働力を非農業部門、とくに工業部門が吸収できるということは、経済成長戦略に関連して、その国の資源賦存状況によって決定される。農村労働力をいちはやく吸収しえるかどうか、雇用志向型の工業化の展開は、むしろアジア諸国にとって今も大きな課題となっている。

経済体制も所得格差に大きく影響している。資本主義市場経済において「市場」の力を信頼した利潤追求は至上命題であるが、効率性を求めるだけでは経済の暴走を制御できない場合もある。つまり資本主義経済は効率的だが、公平さを欠くこともある。却って社会主義的計画経済は平等を目指しながらも官僚腐敗を抱え、わずか一部の権力者に財が集中し、経済の自立性を奪うことになる。たとえ公平さをもっても、効率性は低い(3)。

経済成長が経済格差にどのような影響を与えるのか。つまり、経済格差が経済成長に好影響を与えるのか、あるいは逆に悪影響を与えるのかについては、経済学においても必ずしも十分に解明されているわけではない。しかしながら、成長に伴う経済格差の拡大が社会政治的な緊張を高めることは間違いない。先進国・発展途上国を問わず、雇用調整がうまくできなければ、社会の階層化が加速する。雇用格差の拡大が所得格差を拡大した主な原因となっている。

アジアは、雇用喪失問題を解決できなければ近代化を実現できない。そこで、輸出立国という失敗から新たにスタートして、ＩＴや先端的金融等、生産性の高いサービス産業を中核とした経済を考えるべきであり、生産性の高いサービス産業を成長させて雇用を吸収することが、労働市場の急務である。金融・ビジネスサービス、教育・健康など付加価値の高いサービス産業の３部門での雇用の増加は大きい効果があると考えられる。日本における失業増加の原因は、第一に経済のグローバル化、とくに一九九〇年代以後のグローバル化の進展により産業の空洞化がさらに進み、企業の海外進出が一層加速したことによる。第二に、景気低迷、長期経済停滞により上場企業が減っていることである。そこでアジアは、日本のような産業構造の導入を転換しなければならない。

注

（１）その内容は「先に一部の人は豊かになっても構わない」（一九八四年）という。
（２）一般に、クズネッツ仮説（1955）に基づく解釈が多い。しかし、クズネッツはイギリス、アメリカのデータにより実証分析した結果であるから、ほかの国に必ずしも適応するとは言えない。
（３）いわゆる平等と効率の間にトレードオフ関係が存在している。

第9章 人口移動と人口構造の転換

はじめに

なぜ、今日のアジアの雇用問題はこれまでより緊迫の度合いを増しているのか。アジアの経済発展史から見ても、現在から見ても、雇用問題を解決することが、アジアの経済近代化を実現するための有効方法である。例えば、アジアの女性雇用問題（ジェンダー問題）もその一例となっている。アジアの人口構造からみると、女性の比率は上昇しており、女性の雇用促進問題は重要になってくる。こうした女性の社会進出の促進により女性の労働参加率は上昇しており、経済成長にも寄与している。少子高齢化が進んでいると同時に、福祉社会環境に入ったアジアは、いかにして「成長社会」「先進国病」（「雇用なき成長」を指す）から脱却し、雇用格差による貧困深刻化問題を解決するかが成長の鍵となっている。その原因の一つに、アジアにおける経済成長と雇用増加とのアバランス関係（非相関関係）がある。

本章では以上述べた問題意識に基づき、アジア経済における一九五〇年代以来の雇用問題を取り上げ、その内在的要因を解明しアジア経済の将来を展望する。また、経済発展による雇用構造の変動とそのメカニズムや変化を検討する。雇用構造の変動は様々な要因による。そのなかに、経済的要素によって引き起こされた雇用構造の変動がある。高度経済成長を遂げたと同時に、なんらかの原因で雇用格差の拡大による「雇用なき成長」現象が起こるわけである。

1. 人口爆発と雇用不足

第二次世界大戦後、アジア諸国では人口出生率が急激に上昇した一方、所得水準の上昇や生活水準の改善により、人口死亡率が大幅に低下した。その結果、人口構造は「高出生率・高死亡率」から「高出生率・低死亡率」へと転換した。[1] 一九六〇年代になると、爆発的に増加した人口によりアジア諸国が食糧危機に直面したばかりではなく、増え続けた労働人口に対し、雇用機会をいかに確保するかという問題をもたらした。一九七〇年代、ないし一九八〇年代において、アジア諸国は相次ぎ「雇用型工業化」という経済発展経路を辿り、産業政策を「輸入代替」から「輸出志向」へと転換しながら、雇用不足問題を解決しようとして経済成長と雇用増加をはかった。しかしこうした試みは、経済成長により雇用工業化率が一時的に上昇したものの、一九九〇年代になってからは失業率の高止まりが続き、いわゆる「雇用なき成長」現象が見られるようになった(2)。

もちろん、一九九〇年代以来見られた「雇用なき成長」現象は、アジア通貨危機という外部要素からの影響は否定できない。しかし、アジア諸国の、一九五〇年代から増加し続けた人口規模ないし人口構造の転換にも関係していることは明白である。むしろ今日もアジア諸国が悩ませている雇用不足問題は、経済離陸時点の、アジア諸国に与えられた人口要素という独特な「初期条件」に起因するかもしれない。

いうまでもなく、こうした人口爆発により人口規模の拡大は、一九七〇年代から相次ぎ独立したアジア諸国に対して、経済離陸ための先決条件のひとつである労働要素を確保することができた。しかし、工業化の道を歩み始めたばかりのアジア諸国では、労働市場の雇用調整は機能せず、なおかつ工業部門では十分な労働機会を提供できないことから、農村伝統部門から都市現代部門へと移動した労働力は吸収されなかった。都市部のイフォーマル部門には潜在失業者が派生し、工業化速度より都市化が進んでいた結果、都市の肥大化とともに、失業問題は次第に顕著化している。[3] これも、今日の「雇用なき成長」の遠因のひとつとして考えられる。[4]

ヨーロッパでは、30年代から工業化を実施した。ヨーロッパでは工業革命が経済繁栄をもたらしたと同時に、工業化という経済発展を促進する有効な方法として実験された。この意味で、西欧諸国資本主義の発展は、発展途上国のアジア諸国に一つの選択肢を提供したといえる。こうしたヨーロッパの工業化経験を活用して成功した国・地域もあれば、うまくいかない国・地域もある。例えば日本は、技術新興により自国の労働力資源を最大限に利用して工業化を実現した。それにしても一九九〇年代バブル経済崩壊以来、日本は長期不況で「雇用なき成長」が見られ、構造改革のような改革措置、いわゆる「小さな政府」を目指し、規制緩和を実施したが、雇用誘発効果はあまりなかった。要するに、韓国・台湾・タイ・シンガポールのように、自国の労働力資源を有効に利用して「輸入加工型」から「輸入代替」へとうまく切り替えて先進国仲間入りを果たした国・地域もあれば、人的資源を活用できなかったインドネシアのような人口大国もある。実は、経済発展の初期条件として、教育水準の格差が存在していたことが根本的原因である。ヨーロッパより工業化が遅れたアジア諸国は、経済発展過程において「後発利益」を受けてヨーロッパを模倣すべきだったのか、あるいは自国の経済状況に基づき独自な道で工業化を進めるべきか、この問題は常に議論されている。

2. 過剰労働力の移動

そのようななか、社会主義計画経済を目指した中国は一九五〇年代初め頃から一九七〇年代中頃まで重化学工業を中心とした工業化を進めていた。中国は労働要素を移動させず、資本要素の移動だけの工業化を行ったと言われている。結果として大量の余剰農業力が農村に隠され、非完全失業状態にあった。そのため一九八〇年代の経済改革により農村失業問題が顕在化し、都市部では過剰人員を抱えた大企業が十分な就業機会が提供できないため、「雇用なき成長」現象が見られるようになった。中国の工業化を吟味する余地があるものの、工業化を図りながら高度経済成長後の安定期に雇用問題をうまく解決できなかった点は、他のアジア諸国と共通している。

当時のアジアは、経済発展のために独自の道を選んで経済理論上に定められたアプローチにするかそれともEU先進国を真似して技術開発のための時間を短縮し、「後発利益」を受けながら工業化を図るか、経済復興や国家振興など問題が迫られたなか、合理的な選択だったかもしれない。経済離陸できると、必要とする最小限度の資本が足りないから、資本と労働をうまくリンクすることができるように、むしろ海外からの資本導入による技術移転により、豊富な労働力資源の活用に合理性があった。このように、戦争や飢餓から脱却したばかりのアジアは急速に工業化が始まった。しかし、人的資源という観点から見れば、こうした選択は合理性があるものの、人的資源を有効に配分できる前提条件である健全な労働市場としては、アジア諸国はいまだ整備されないままである。結果として、大量の過剰労働力人口が非完全雇用状態にあり、潜在失業者となっている。

一九六〇年代であれ一九七〇年代であれ、経済高度成長期にあったから、アジア諸国は成長に相応した雇用増加があった。しかし、経済の市場化やグローバル化などの外部要因が、次第にアジア経済にも影響し始めている。一九八〇年代・一九九〇年代になると、アジア経済は低成長期に入り、高度成長期に隠れていた「雇用なき成長」現象が見られるようになった。アジア諸国の二重構造から考えると、このような「雇用なき成長」が発生するメカニズムは何であろうか。また、これはアジア経済の共通問題題なのか、それとも一部の国の現象なのか。二重構造からスタートし、その解消を目指したアジア経済にとって重要な課題である。

アジア域内の人口爆発と人口転換に由来する「雇用なき成長」現象をどうみるべきか。その原因・背景はどこにあるのかを検討することは、今日のアジア経済に対して重要な意味をもっている。現在は、一九六〇年代・一九七〇年代と違って、経済的内在要因より外部要素がアジア経済を左右している。例えば、二〇〇八年、アメリカがリーマン・ショックの影響で国内消費市場が急速に落ち込んで、そしてアジアの生産市場に波及し、アジア全体の失業が上昇したのはその一例である。こうした経済成長による失業率が収斂していかなかったことは、本来の経済発展論でも言及されなかった新しい研究課題といえよう。

世界経済の景気循環は、アジア経済に大きく影響している。一般に、景気拡大の際は失業率が下がり、景気縮小する場合には失業率が上昇し、非正規労働が拡大して、第3次産業の就業者が溢れる。しかし、長期的に見れば、周期的に変動している。90年代以来、世界的グローバル化の影響で一国・地域の経済成長を考える際、ほかの国との関連、とくに先進国の経済変動を考えなければならない。アジア経済を考える際にも、アジアだけではなく、アメリカ経済や、EU経済を見なければならない。

いま、世界経済は連動している。先進国のような「低成長」「高失業率」、いわゆる「雇用なき成長」現象がなぜアジアで起こってしまったのか。先進国では資本集約型の産業構造をもつことから、資本深化とともに雇用増加率は低減していくと思われる。アジアでは人口規模が大きく、労働力人口資源が豊富であり、人的資源開発によって雇用調整ができると考えられる。一九九〇年代以来、アジア経済全体の就業規模はゆるやかに増加している。しかし、産業構造の転換が就業構造の変動より速く、加えて産業構造の高度化、ハイテク化、ＩＴ化、通信基盤産業の高度化が急速に進んだ結果、雇用創出効果は低下した。

近年、アジアでは雇用への関心が高まっている。アジアの国々では経済発展に伴って国民所得が向上し、諸活動の規制も緩和され、各分野で自由化と民主化が促進されつつある。まさに開発独裁型の経済から国民参加型の開発へと大きく流れが変わりつつある。しかし、賄賂や不正が横行する社会から脱却し、腐敗のない公明正大な行政を行うことが社会問題として大きなウェイトを占めている。その次の課題が、雇用問題である。雇用問題が経済問題として十分位置づけられてこなかったことから、雇用政策が不十分で、労働行政は労使関係や職業訓練に偏っていた。そのため、経済の市場化・国際化に適用する労働市場の整備が必要になってくる。

3. 工業化と人口転換

工業化は、農工間の要素移動を通じて工業振興することによって経済全体を牽引する、という経済成長の有効手段として使われる。欧州の産業革命では実験されたが、雇用創出面で効果はあったものの、環境破壊など社会的コストが高いというデメリット面が指摘されている。

中国では、社会的開発が遅れているため、社会的コスト（森林破壊、土壌侵食）が大きいまま経済的比較優位性を追求して発展してきたといえる。この点は、アジアの経済発展の特徴と共通している。社会的コストへの負担は短期と長期があるが、長期的には、国民に負担が及ぶ。タイの農村における産業の生産構造は、過去30年ほどの間に、世界・国内需要の変化に対応し、粗放技術のつけと社会的コストをもたらした。

世界各国の工業化の歴史、とりわけアジアより先に工業化を経験した欧州の工業化過程は、アジアの歩んできた道を考察するために重要である。

歴史的に、工業化を一早く実施したのはイギリスである。一八七〇年は産業革命の黄金時期で、工業化のお陰で経済成長は頂点に達した。市場を拡大するため、国内に留まらず、海外進出が行われた。殖民地の拡大により輸出の拡張を図った。つまりその時期において、工業文明と農業文明の戦いがあったといえる。

ドイツは、イギリスとは異なった工業化の道を選んだ。19世紀中ごろ、第一次世界大戦による経済資源の略奪で、世界から批判を浴びた。そして一九五〇年代から平和の道を選択しながら、経済振興に成功した。しかしアメリカは、一八二〇年頃、経済規模と言っても小さい国だった。南北戦争の終了に伴い、政治が安定し、経済統一（あるいは市場統一）を実施した結果、経済振興のための基本条件が揃った。一八七〇年から一九一三年の間に経済が離陸したが、一九三〇年、世界恐怖に見舞われた。そして第二次世界大戦による軍事需要の増大で、製造業が世界の主導的地位を築いた。内需型経済により創造できた、成功の例として言われている。

日本では、一八六八年から一九一三年までの「明治維新」により通商を開始し、対外貿易が始まった。第二次世界大戦期間に戦争状態に陥ったものの、一九五〇年以降は和平振興を目指して一九六〇年代に高度成長を遂げた。

一方、ロシア（旧ソ連）は一九二〇年「十月革命」をきっかけにして、一九一三年のGDPが世界の8・5％まで伸びた。輸出が増え、工業生産高は一桁増となった。その後低迷が続いたが、一九七〇—八〇年代に再び高成長時代に入った（GDP 10％、輸出増加率3・4％、工業生産高15％以上)。

新興国の代表格である中国は、歴史上では経済強国だった。一八二〇年に世界のGDPの33％を占め、一八三〇年は製造業生産高30％、一八七〇年輸出2・5％と、中国経済最盛期(農業文明)であった。その後は経済停滞が続き一九五〇年代まで衰退がつづいていた。重工業優先の工業化路線に伴う工業技術導入の遅れが原因である。つまり、農民の利益を犠牲にし、工業発展の原資を蓄積するという手法である。一九七八年から改革が始まり、伝統農業を解体したと同時に工業化が達成できた。これは一種の保護主義的工業化といえる。そして一九八〇年代からの市場経済の転換で、30年以上高度成長が続いている。もう一つ、新興大国インドでは、歴史上農業文明のおかげで工業化が遅れ、貿易は未発達だった。一九四七年の独立以来、計画経済志向で経済停滞が一九八〇年代末まで続いた。一九九〇年代からは市場経済・資本主義民主制度の導入を始めて経済が台頭してきている。また、アジアのなかでも豊富な資源国マレーシアは、マハティールのインシアティブ(政府主導の工業化)政策で、一九六〇年代から外資誘致、東方政策を実施して圧縮的工業化に成功した。その特徴としては、経済構造の転換による製造業主導の高度成長を目指し、中小企業とリンクできるような産業構造は、未熟練労働者層の所得上昇に繋がることで、最終的に国民全体の厚生水準を改善するということである。

工業化については、日本・韓国・マレーシアのような成功の例を挙げることができる。一方、多くのアジア諸国は農業改革と工業化を追求した結果、膨大な過剰労働力の問題に悩んでいる。社会問題となり、政権が維持できなくなった場合もある。タイはその一例である。

タイでは、生産面・輸出面の両面から工業化と言われている。雇用面では工業化スピードが速かった。タイ経済は高水準で、しかも安定性がある。その原因は、「自動的安定化措置」（戦後の安定志向型の経済政策）を採用しながら民間主導型の工業化を実施したことである。タイは農業に対して力をいれ、農作物転換によって農業の多様化をはかった。「国営企業法」（一九五三年）と「産業奨励法」（一九五四年）を実施することによって、政府主導あるいは国家主導型の産業育成を目的とした。

しかし、一九五八年から政策転換が行われた。政府主導ではなく民間企業を優先させ、民間資本の保護・育成に力を入れるなど、民間主導型工業化へと転換した。同時に外資への規制を撤廃し、外資を積極的に導入するようにして、経済開発計画を改めて出した。その内容は、マーケット・メカニズムの活用や分業体制を構築し、役割分担をはっきりさせ、民間企業のノウハウを生かすことであった。通常の企業活動はマーケット・メカニズムに任せて、政府は社会資本整備（インフラ）に集中する。タイでは、繊維産業が輸出産業として育成したことで輸入代替工業化に成功した。

資源が豊富なマレーシアは、一九八〇年代から政府主導型の重化学工業化を実施した。輸出促進に力を入れて、第二次輸入代替が試みられた。しかし、国際情勢の変化や南北問題が一層深刻したことにより、1次産品価格が低下し経済成長は予想より悪くなり、さらにはマイナス成長もあった。それに対応するために、一九八六年、工業化マスタープラン（一九八六―九五）と第五次マレーシア計画（一九八六―九〇）を実施した。その主な内容は、外資への制限を撤廃し、政府主導から民間企業を重視するようになった。政府主導型から民間主導型工業化へと転換し、輸出志向型の工業化を試みたといえる。しかし、技術導入や雇用創出が効率的に行えなかった。輸出だけに依存した結果、経済が一時的に停滞局面に陥った。

一九七〇―八〇年代では、マレーシアの経済発展は「新経済政策」（NEP = New Economic Policy）を基軸に展開した。NEP の主要内容は、先住民を優遇し、華僑系・インド系の勢力を抑えようとしたものであった。雇用比率を、人種の構成比率に見合うよう再構成することが基本戦略であり、それによって人種間所得格差をなくそうとした。

マレーシアの人口構造はマルチ・エスニック構造と言われている。つまり多民族、多種族国家である。人口のうちマレー系は66％、華人（中国系）25％、インド系8％、その他1％である。就業構造は、典型的植民地型モノカルチャー経済の影響で多様化している。英領植民地時代（一九四〇―九〇年代）は、産業構造において二大支柱産業である錫・天然ゴムが国民経済の中心であった。20世紀初頭、イギリス資本によってゴム産業が発達し、輸出の主要商品となった。マレー系先住民は主に農村部に住み、稲作・漁民・商業作物栽培に従事した。都市部では華人系とインド人が支配している。中国人は鉱山労働者と海峡資本家、インド人は農園労働者と少数の金貸し（チャティエ）といった就業構造が形成された。

つまり一九五七年の独立まで、農村部ではマレー系、鉱山労働者と商工業では華人系、ゴム農園労働者ではインド人系というエスニック就業構造であった。

このような就業構造による生産性格差が固定化し、マルチ・エスニック格差問題が生じたため、一九七〇年代から改革が行われた。政府は「新経済政策」（New Economic Policy: NEP）を打ち出し、国民統合（National Unity）を目指した。その具体的目標は①貧困の根絶、②社会構造の再編、③マレー系住民の社会地位の向上等が挙げられる。経済は一九五七年の独立以降、ゴムと錫の輸出に依存する植民地型モノカルチュア経済からの脱却を課題とし、工業化の推進と農業の多角化を目標としてきた。その結果、一九七〇年代の高度成長を成し遂げた。その後の就業構造は農林漁業の比率が縮小し、代わって製造業の比率が上昇し、農林漁業を上回ることになった。世界経済のサービス化の影響で労働市場のサービス化現象が起こって、サービス業の就業者が急増した。この意味で、マレーシアは工業国への転換に成功を収めたといえる。

これと同時に、一九八四―二〇一〇年の間、産業構造は高度化しつつ、多様化している。オイル・パーム、原油、木材など、輸出における一次産品の多角化や輸出拡大（電子・電機産業・繊維・衣料）などによる輸出志向型工業部門の振興を図り、日系をはじめとした多国籍企業の進出により労働集約的工程の未熟練・半熟練労働力の若年や女性を活用できた結果、一九八〇年代後半、労働過剰から労働不足へと転換し、外国人労働力の導入が余儀なくされた。

しかし高度成長にもかかわらず、農村の貧困層の増加と、都市部と農村部の所得格差拡大の問題は依然深刻で、一九九〇年代初頭、社会開発・貧困対策を打ち出した。一九九一―二〇〇〇年、国家開発政策（National Development Policy）と二〇〇一―二〇一〇年国家展望政策（National Vision Policy）の目標は、貧困撲滅と社会構造の再編としている。具体的な内容は、教育投資の増加や農業の近代化の普及、農業生産性の向上による農民所得の向上や非農業部門の所得と雇用機会の増加などが挙げられる。

SSNとして雇用・社会保障に関する官庁と、法制度・雇用法・労働組合法・賃金協議会法・

従業員積立基金と従業員社会保障制度が整備され始めている。だが、一九九七年アジアの通貨・経済危機は雇用への悪影響をもたらした。株価低下や経済停滞、資産株価下落、不良債権の拡大など労働需要が減退し、企業経営不振に陥ってしまった。そのため、IMF的な財政・金融の緊縮政策を採用し、景気刺激政策へと転換しながら、財政拡大と金融緩和をめざした。また、「国家経済再建計画」を実施したが、短期資本取引の規制緩和の影響で失業者が倍増し、実質賃金が減少して外国人労働者対策や雇用創出は十分にできてない。マレーシアの問題を見てみると、急速に豊かになってきた発展途上国の社会において、社会的弱者はどこにいるのか、SSNの議論と公的な制度の整備を進めることが重要なのである。

注

（1）つまり、人口増加の速度は経済成長より遥かに速いこと。通常、人口増加の原因を、自然出産増と人口移動によるものとに分けている。アジアでは、まず人口自然増が始まり、加えて農村から都市へと急速な人口移動の増加により、都市も農村も都市人口爆発を起した。人口構造は50年代以来、医療水準・所得水準上昇による「高出生率・高死亡率」から「高出生率・低死亡率」へと転換した。通常、いわゆる人口転換とも言われる。

また、ノートスタイン（F.W.Notestein, 1953）は人口転換理論を精緻化したうえ、次のように指摘している。近代化に伴う社会経済的発展が人口転換を推進する。「人口転換」が、経済的条件の向上と密接な関係を持っているという。ここでは、人口転換は高出生─高死亡の状態から、高出生─低死亡の状態を経て、低出生─低死亡へと移行することで安定化すると考えられる。

（2）一九九六年の国連開発計画書『人間（人類）開発報告──経済成長と人類開発』で初めて「雇用なき成長」に触れた。すなわち「雇用なき成長」（jobless）とは、経済成長にもかかわらず、それに相応する雇用増加が見られないことである。一九九〇年代以来、所得水準の上昇に伴う「多出生」から「少出生」へ（死亡も）、出生率と人口自然増加率の減少によりアジアは少子高齢化社会（典型的な高齢化社会）に入ったにもかかわらず、とくに若者の失業率は依然高水準に留まっている。

（3）一九六〇年代、アジアに普及した農業改革（「緑の革命」など）により農業生産性が上昇、それに加えて人口が持続的に増加し、その結果大量の過剰労働力が生じた。このような膨大の労働力が仕事を求めるため、都市（農業から工業）へと流動した。いわゆる労働力の流動化という現象がアジア諸国では60年代から今日まで発生している。

（4）工業化は、工業の発展に伴い必要となる金融・流通などの産業に膨大な労働需要を生む。農業解体によって解放される資源を、それらの産業との間で分配した後は、移転的な成長を終え、「工業化」のプロセスは終了する。このため、すべての資源が工業に投入される状況にはならない。

第10章 「失業なき労働力移動」と貧困削減

はじめに

第二次世界大戦後、アジア諸国では人口出生率が急激に上昇した一方、所得水準の上昇や生活水準の改善により人口死亡率が大幅に低下した。その結果、人口構造は「高出生率・高死亡率」から「高出生率・低死亡率」へと転換した。一九六〇年代になると、爆発的に増加した人口によりアジア諸国が食糧危機をに直面したばかりではなく、増え続けた労働人口に対し雇用機会をいかに確保できるかという問題をもたらした。一九七〇―八〇年代、アジア諸国では相次ぎ、「雇用型工業化」という経済発展プロセスにより、「輸入代替」から「輸出志向」へと転換しながら、雇用不足問題を解決しようと経済成長をスタートさせた。しかしこうした試みは、経済成長により雇用工業化率が一時的に上昇したものの、一九九〇年代になってからは、失業率の高止まりが続き、いわゆる「雇用なき成長」現象が見られた。

本章では、以上述べた問題意識に基づき、アジア経済における一九五〇年代以来の雇用問題を取り上げ、その内在的要因を解明し、アジア経済の将来を展望する。また、経済発展による雇用構造の変動とそのメカニズムや変化を検討することにする。雇用変動は様々な要因によるものである。そのなかで、経済的要素が引き起こした雇用構造の変動がしばしば見られる。なんらかの原因で高度経済成長を遂げたと同時に、雇用格差の拡大による「雇用なき成長」現象が起こるわけである。

1．アジア型「雇用なき成長」の特徴

もちろん、一九九〇年代以来見られた「雇用なき成長」現象は、アジア金融危機やリーマン・ショックなど、外部要素からの影響は否定できない。だが、アジア諸国の、一九五〇年代から増加し続けた人口規模ないし人口構造の転換にも関係している。むしろ今日もアジア諸国を悩

ませている雇用不足問題は、経済離陸時点でアジア諸国に与えられた「人口要素」という独特な「初期条件」にあるかもしれない(1)。

いうまでもなく、こうした人口爆発による人口規模の拡大は、一九七〇年代から相次ぎ独立を成し遂げたアジア諸国に対して、経済離陸のための先決条件である労働要素を確保することができた。しかし、工業化の道を歩み始めたばかりのアジア諸国では、労働市場を機能させて雇用調整することができなかったため、かつ十分な労働機会を提供できなかった。そのため、農村伝統部門から都市現代部門へ移動した労働力が吸収されず、都市部のインフォーマル部門に潜在失業者を生み、工業化速度より都市化が進んだ結果、巨大都市の誕生とともに、失業問題が顕著化した。これも今日の「雇用なき成長」の遠因のひとつとして考えられる(2)。

アジアより先に、ヨーロッパが一九三〇年代から工業化を実施した。工業革命により経済繁栄をもたらしたと同時に、工業化という経済発展を促進する有効な方法として実験された。この意味で、西欧諸国資本主義の発展は、発展途上国のアジア諸国に一つの選択肢を提供してくれた。こうしたヨーロッパの工業化経験を活用して成功した国・地域もあれば、うまくいかない国・地域もあった。アジア域内の日本は、技術立国というスローガンの下、自国の労働力資源を最大限に利用して、ほかのアジア諸国より一足早く工業化を実現したことは周知の通りである。それにしても、一九九〇年代のバブル経済崩壊以来、日本も「低成長」「雇用不足」に陥ってしまい、構造改革のような改革措置を講じだが、経済成長による雇用誘発効果は小さかった。要するに、韓国・台湾・タイ・シンガポールのように自国の労働力資源を有効に利用して「輸入加工型」から「輸入代替型」へとうまく切り替えて先進国仲間入りを果たした国・地域もあれば、人的資源を活用できなかったインドネシアのような人口大国もある。なぜならば、アジアでは経済発展の初期条件はそれほど大きくなかったが、教育水準には大きい格差が存在していたからである。ヨーロッパより工業化が遅れたアジア諸国は、経済発展過程において「後発利益」を受けてヨーロッパに模倣すべきだったのか、あるいは自国の経済状況に照らしてアジア的な独自な道で工業化を進めるべきか、この問題は常に提起されている。

そして、中国は一九五〇年代初頭から一九七〇年代中頃まで重化学工業を中心とした工業化を進んでいた。中国は労働要素を移動せず、資本要素移動だけの工業化と言われている。結果として、大量の余剰農業力が農村に隠され、非完全失業状態にあった。そのため一九八〇年代の経済改革により農村失業問題が顕在化し、都市部には十分な就業機会がなかったため、「雇用なき成長」現象が見られるようになった。中国の工業化を吟味する余地があるものの、工業化を図りながら雇用問題をうまく解決できなかった点は、他のアジア諸国と共通している。

なぜ今日、アジアの雇用問題はいままでより緊迫しているのか。それは、アジアの経済発展史から見ても、現状から見ても、雇用問題の解決がアジアの経済近代化を実現するための有効方法であるからである。例えば、アジアの女性の雇用問題（ジェンダー問題）も、その一例となっている。アジアの人口構造からみると女性の比率は上昇しており、女性の雇用問題は重要になってくる。こうした女性の社会進出の促進により女性の労働参加率は上昇しており、経済成長にも寄与している。少子高齢化が進んでいると同時に、福祉社会に入ったアジアは、いかに「成長社会」「先進国病」（「雇用なき成長」を指す）から脱却するかが、雇用格差による問題を解決する鍵となっている。その原因の一つは、アジアにおける経済成長と雇用増加のアバランス（非相関関係）にある。

2. アジアを豊かにするための雇用創出

本節では、アジアにおける経済学的・人口学的特徴に焦点を絞って検討することにする。工業化が都市化を引き起こして近代化を促進することによって共存・共生する多様化・多文化社会の実現が可能となる。しかし、経済成長により所得格差が拡大してしまった労働力移動は社会の階層化を促進すると同時に、雇用機会が再配分され、社会的資源は一極に集中しやすくなる。工業化による労働移動は、多くの雇用問題をもたらした。いうまでもなく、経済成長による労働需要が高まり、雇用機会が創出されて雇用構造は変動する。こうしたメカニズムが一九九〇年代のグローバル化によって一層活発化したのである(3)。たしかに、アジアの貧富の差の拡大はグローバル化だけに帰結することができないものの、新自由主義による貧困化したことは否定できない部分があると思われる。

そもそも、アジアは独特な人口構造をもっている。雇用不足を解決するために、雇用型工業化を図ったが、こうした経済的選択はアジア諸国の経済実情に適合したのか。一九七〇年代中頃、アジア各地において発生した、農村から都市への大規模労働力移動による失業率の急上昇は、雇用工業化の成否に疑問をもたらした。世界人口の半分以上を占めるアジアは、膨大な過剰人口を抱えている。しかし、農業国が多いため、経済発展が遅れているのは現実である。日本を除いて殆どが発展途上国、後発国である。先進国から最貧国を包含するアジアは文化、宗教、政治形態だけでなく経済の発展段階および形態も多様であることは周知の通りである。例えば、先進国の日本や新興工業国韓国・シンガポール、または中国・インドのような市場経済移行中の国もある。このような、経済多様性のある地域において、単一経済モデルによる経済発展ができるのか、検討する余地がある(4)。

アジアは世界の人口の半分以上を占めている。これらの人々に労働機会（雇用機会）を提供しなければならない。そうでなければ、このような膨大な人口にどう対処するのかが問題となる。中国では人口抑制という計画出産、いわゆる「一人っ子政策」を実施した。しかし、一九五〇年代から実施した、重化学工業を中心とした産業政策により資本集約型産業を推し進めたものの、人口規模に対して雇用規模はそれほど大きくなかった。人口学的ボーナスをうまく利用して高度経済成長を遂げた日本は、急速に少子高齢化社会に突入し、増大した社会保障費の支出が財政を圧迫して増税という道を選んだ。その結果、企業はますます海外に進出し、国内市場は縮小した。雇用機会の海外移転によって、日本国内には「雇用なき成長」現象が見られた。単に雇用対策で対応できればよいか、人口政策よりも雇用創出問題は大変重要である。

アジアでは、第二次世界大戦後、高出生率・高死亡率パターンから高出生率・低死亡率パターンへと転換した。その内生的要因として価値観、慣習、制度などが挙げられる。また、外生的要因は植民地化による経済成長を「先行条件」とした、所得上昇、医療水準上昇、公衆衛生水準、人口増加であり、そのスピードは食糧生産より遥かに速い。そして、アジアは食糧問題を解決するために、土地生産性の上昇や耕地面積の拡大や農業改革を行いながら、工業の近代化をはかってきた[5]。

土地生産性の上昇による食糧増産の目的は達成できた一方、農地から解放された農民の雇用問題がもたらされた。こうした農村部の余剰人口が、都市部へ移動したことによって都市の「雇用型工業化」を促進したが、労働力資源の活用は課題となった。要するに、人口爆発・農地改革によって余剰となった農業人口をいかにして非農業部門が吸収し、もって希少な可耕地に対する人口圧力を軽減しうるかが問題となる。韓国、台湾などのNIES、ならびに東南アジアの一部は、農業開発に大きな成功を収め、農村における余剰労働力を非農業部門、とくに工業部門が吸収した。問題は、産業構造の転換と農村労働力を吸収しえるか、雇用志向型の工業化の問題の所在である。

しかし、アジアでは農業生産性と工業生産性の間に大きな格差が存在し、いわゆる二重構造(dual structure)が存在している。それは直接、アジアの工業労働力の形成に影響している。二重構造と失業の関係は周知の通りである。農業生産性が低いため、農村の余剰労働力が一気に都市部へと移動し、都市部では現代部門が未発達のため、十分の就業機会を提供できなかった。そのため、都市部に移動した余剰労働力は都市部のインフォーマル部門に滞在し、一時的に失業者になる。これは一般的に、経済発展理論における二重構造による失業の通説である。二重構造による労働力の農村・都市間の移動は、雇用に大きな問題をもたらした。[6]

アジア経済では、一方において近代的大企業が、他方には零細な小企業が存在し、両者の間には資本規模・生産性・収益性・技術・賃金などの点で大きな格差がみられる。このようなアジア経済の構造的特質を、一般に「二重構造」と呼んでいる。これらの格差は、単に工業部門内のみでなく、工業と農業、工業と商業の間にもみられる。

経済成長とともに労働力が農村から都市へと移動するのは、二重構造の状況下でしばしば見られる現象である。なぜ農村から都市への流動が発生したかは、都市の魅力があるからである。都市の魅力とは「収入」が高い、居住環境もよく、雇用機会が豊富であることは否定できない。しかし、アジア諸国の多くは都市部には工業部門が整備されておらず、農村からの労働力の受け皿はなく、スラム部門に流れていくしかなかった。二重構造下での労働力移動の原因は、ルイスモデルが描いた通り、賃金格差または所得格差による、就業機会の格差の存在が挙げられる。根本的には、生産性格差の存在である。[7]

これに加えて、アジア諸国は先進国からの直接投資を導入して後発利益を受ける一方、大量の雇用機会が喪失したことは大きい。いわば経済成長を追求し過ぎて経済発展が遅れたのである。ASEAN諸国は、一九七〇―八〇年代に世界でも注目された高度成長を遂げたにもかかわらず、雇用水準はそれほど上昇しなかった。

3. 人口の過剰供給と雇用調整

近年、アジアの経済成長や雇用問題もさることながら、「雇用なき成長」問題も多くの人の注目を集めている。このような「雇用なき成長」に対して、各国の経済離陸時の歴史的初期条件や経済システムの違いなどによって対応できることもあれば、IMFに頼って緊縮財政を実施することもある。韓国・中国はもとより、多くのアジア諸国が経済システムの改善と産業構造の調整に期待している。IMFは、この「雇用なき成長」問題に対し、韓国・中国のみならずASEAN（タイ・インドネシアなど）でも注意する必要があるとしている。

経済成長はGDPの増加であると理解すれば、雇用増加は就業者数の増加を意味する。両者にはどのような関係にあるのかが問題である。一般には、経済成長とともに労働需要が高まり、雇用機会が増え、就業者が増加して失業率が下がる。つまり、経済成長と雇用増加は正比例関係にあるはずである。当然、経済成長と同じ率で雇用増加ができれば理想的である。しかし、現実の経済社会は不確実な要素が多く存在しているから、経済成長による雇用増加は予想よりはるかに低い。

アジア全体の人口規模が大き過ぎるのかもしれない。経済成長の速度は人口増加より遅く、労働供給は常に過剰供給状態にあり、雇用創出が人口増加により相殺され、常に雇用不足状態にある。さらに、産業構造の転換が遅れていることにより、経済のサービス化・労働市場のサービス化が進んでいない。これに加えてアジアの労働市場そのものがいまだ未整備状態で労働需給調整が機能せず、先進国より「雇用なき成長」問題解決が難しくなる。巨大人口を抱えているアジア最大の問題はむしろ雇用問題である。経済成長が続いたにもかかわらず、それがあまり雇用の増加に繋がらなかった。緩やかな成長にもかかわらず相応する雇用増加が見当たらない、時に雇用減も見られることは、アジア型「雇用なき成長」の特徴といえる。そこで、アジア経済全体として、職業訓練を通して雇用を促進し、産業構造の転換と調整ができるような雇用体制を構築する必要がある。しかし、その前提条件は経済成長であるから、この意味で、アジアの社会構造を再構築する際は、雇用調整ができるような経済成長を目指さなければならない。

経済成長による大量の雇用機会を創出し、労働市場を介して労働力を雇用することで失業率が減少していく。そして、就業率上昇や就業規模拡大に繋がるのが一般的である。経済成長と雇用増加の関係を判断する基準は、就業弾力性の大きさである(8)。一般的には、経済成長率が上昇したとき、失業率が下がる。一国の経済成長は労働需給の拡大、雇用増加および失業減少などをもたらす。オークンの法則（Okun's law）によると、失業率と経済成長率の間には負の相関関係が存在している。健全な労働市場が必須となっている(9)。

経済成長による大量の雇用機会が生まれるが、こうした雇用機会の配分は、健全な労働市場を通して行われなければならない。アジアでは、先進国からの投資・援助はアジア諸国の雇用創出に繋がっているかが問題となっている。最近、アジアでは、雇用問題が顕在化している。アジア諸国では失業率が非常に高まっている。経済成長にもかかわらず、雇用増加の速度は経済成長よりはるかに遅いため、雇用は低水準に留まっているのである。

いうまでもなく一九七〇年代、東アジア経済は飛躍的な高成長を遂げた。その原因は、産業政策等の積極的な政府介入とアジアにおける共同体的シェアリング・システム、および市場友好的な競争環境（market friendly）などが挙げられる。東アジアの経済成長は、市場メカニズムの利用と市場の開放による輸出主導ゆえに生じたという考え方である。

そして、一九九〇年代のグローバル化によるアジア諸国の、一層の市場自由化・規制緩和と国際貿易・資本市場との一体化がアジア経済の体質を強化したと同時に、アジアにおける雇用システムが脆弱性を露呈してしまった。これは、一九九七年に発生したアジア金融危機からみればわかる。韓国の失業率は急速に上昇して、本来の農村の「プル―」という機能が失われたため、リストラ者が都市部の非正規労働部門に集中した結果、労働市場の二極化をもたらした。アジア危機の原因は、金融自由化の下での急激な国際化が、短期資本の大量流入と大量流出をもたらした金融システムの不安定化、そしてアジア諸国の政官財癒着の構造、株主主権を否定する同族企業・財閥支配などの、いわゆるクローニイ資本主義的特性が、バブルとその破綻というかたちで生んだ危機である。結果、短期間で大量の失業者が発生し、今日でも雇用率は一九六〇年代の水準まで回復していない。そこで、顕在化した雇用システムの脆弱性は貧困問題の深刻さを助長して、「アジアの奇蹟」と称された順調な成長から一転生、深刻な雇用と貧困問題に直面した。

実際、一九九〇年代の東南アジア諸国では労働力市場政策を推進して、なるべく多くの雇用機会を創出し、労働需要が高まった。しかし、出生率の低下で労働力の供給は制限されたため、賃金水準が上昇し、労働集約型から技術集約型へと転換したため、失業率上昇の一つの要因となったと考えられる。

中国経済では、主に量の拡大によるものである。経済成長の質や経済構造そのものは大きい進歩がなく、雇用水準の向上や雇用構造の改善を必要とする。成功の要因は、国内農業部門の犠牲と低賃金労働者、それに加えて資本の拡大（外資導入による）である。輸出志向型工業化政策により、製造業がGDPに占める割合は急上昇したものの、賃金総額がGDPに占める割合は低下して、賃金水準の上昇は遅れている。労働生産性の上昇は、資本生産性の上昇より遅いといえる。

中国では雇用の不安定性が増している。労働市場が整備されないまま民営化がスタートしたわけで、リストラ者の急増に追われている。それに対応するために、政府は緊急に積極的労働力市場政策を打ち出したが、効果がなく、「雇用なき成長」とまで言われた。雇用対策としては、農民の進学率の上昇や教育収益率の改善、教育水準の向上が有効であると考えられる。

いずれせよ、アジア諸国では「雇用なき成長」現象が起きている。表面から見れば、産業構造の転換が就業構造よりはるかに速いことが原因だと思われる。だが、根本的原因は経済離陸する際の、成長経路の選択にある。なぜアジアでは資本集約型経済成長経路を選択しなければならなかったのか。アジア諸国は先進国の「後発利益」を受けながら、アジア的経済発展道を模索することができると確信したからである。こうした選択が、アジア各国の社会的政治構造にかかわる可能性は否定できない。アジアでは豊富な労働力資源を有し、労働供給は過剰状態であるにもかかわらず、労働集約型ではなく直接投資による資本集約型経済成長経路を選んだ。一般に、資本労働比が経済成長率の上昇速度と一致する場合、経済成長には雇用増加との関係性はない。しかし、資本と労働の間がアンバランス状態にあった場合、経済成長による雇用増加への影響は小さくなる可能性がある。

その原因は、いわゆるアジアには過剰労働力人口が存在していたからである。中国では労働力資源が豊富で資本が乏しい発展途上国であり、一九五〇年代には、製造業を中心とした資本投資型による経済成長を推進した。日本経済も重工業型産業構造を選択した。つまり、労働節約型技術を選んで、資本深化による工業化路線に進んだ。資本投資過大、労働資源は有効に使用できなかったのである。経済成長と国民の貯蓄は密接に関連している。国民の貯蓄は、銀行預金や株投資によって直接・間接的に経済成長に寄与する。アジアの発展途上諸国では国民の貯蓄率が低いため、外国資本に頼るしかなかった。そのため、貿易を通じて世界からの資本（生産性資金、非生産性資金（投機資金））がアジアに流れ込んでいる。一般的に、所得水準の低い開発途上国の場合、国内貯蓄率が低いために投資率も低く、それが経済停滞の原因となって、雇用不足と貧困の悪循環を形成する。

また、アジア経済においては景気循環と労働力資源の配分はリンクしなかった。就業弾力性は非常に低かった。経済成長の源泉は資本だけに依存している。労働力資源を活用しなかった主要原因のひとつは、労働市場が整備されなかったことである。経済成長が続くと、労働力の需要量が拡大し、雇用水準が上昇して失業率が低くなる。経済成長が鈍くなると、労働力の需要量が減少して雇用水準が低くなり、失業率は高くなる。そして、経済成長とともに就業弾力性（失業率）の変動は「U」字型軌道に従う。しかし、雇用調整できる前提条件は健全な労働市場を必要とするため、アジア諸国はそれに対応できなかった。

しかし、このような雇用不足に関する雇用調整は、マクロ経済政策によって可能である。例えば、積極的雇用政策は職業訓練を通じた人的資源を開発することによって、経済情勢の変化に適応すると考えている。景気循環にしたがって雇用調整を行う。景気拡大の際、失業率が下がり、景気が縮小する場合は失業率が上昇し、非正規労働の拡大による第3次産業への就業を促進する。しかし、長期的に見れば、こうした雇用調整は周期的に変動している。しかし、一九九〇年代以来、世界的グローバル化の影響でアジアの経済成長を考える際、ほかの国との関連、とくに先進国の経済変動を考えなければならない。アメリカ経済、ＥＵ経済を見なければならない。現在、アジア全体の就業規模はゆるやかに増加していると見られているにもかかわらず、産業構造の転換が速く、就業構造は依然として単一化している、とくに非正規労働の規模は小さく、経済の市場化を図ると同時に、労働市場のサービス化を図らなければならない。

注

（1）失業率の上昇要因は雇用システムの脆弱性にある。外部経済要素の影響（例えばアジア金融危機など）でショックを受けた結果といえる。

（2）工業化はいうまでもなく、工業の発展に伴い必要となる金融・流通などの産業に膨大な労働需要を生むことができる。一方、農業の解体によって解放される資源を、それらの産業との間でどう分配するかは、工業化が成功するための鍵となる。資源配分に伴う制度整備を必要とするからである。

（3）ここでは、グローバル化は経済などのシステムが国を超えて世界的なものになる動きということを意味している。その特徴は、活発な国際的労働力の移動・資本移動である。

（4）いわゆる「セイの法則」（「セーの法則」ともいう）とは、供給が需要を呼ぶという点を強調して「供給重視理論」ともいう。その主たる内容は、「供給は自ら需要を作り出する」として、商品は作りさえすれば、価格調整機能がはたらき、売れ残りはいずれなくなると仮定した。これは、古典経済学の考え方である。この考えは、生産手段が未成熟なアジア諸国の一九六〇―七〇年代には適合した。セイの法則とは、古典経済学の根幹をなす法則で、供給がそれに等しい需要をつくりだすことから、経済水準は供給によって決定づけられるという法則である。しかし、産業革命が進み、一九二九年に起きた世界恐怖という事態は古典経済学では説明できなくなった。セイの法則では失業問題を説明できないとして、ケインズ経済学が生まれた経緯もある。

（5）いわゆる「緑の革命」（一九五〇―七〇年代）のことである。「緑の革命」の内容は、低い単収の在来種の改良に伴う高収量品種の創成であり、一定の耕地から最大限の収量を確保すべく肥料を増投し、それに効率的に感応する米の高収量品種を開発し、これをアジアの耕地に普及させる。つまり、農業開発による土地生産性の上昇を図り、食糧増産による生活水準の改善を目的とした。

（6）開発経済学・経済発展論に大きく貢献したルイスは、両部門の理論を基礎にして、農工間における生産性格差が解消する方法は農工間の要素移動によって実現可能であると想定した。しかし、アジアの農業部門は生存賃金水準で無制限に供給できる状態が存在している。移動先の都市部工業部門は就業機会が不足しているため、都市部に移動した農業従事者の多くが貧困状態におかれている。加えて、都市部のサービス部門の未発達のため、ホームレス化現象が見られるようになっている。そしてアジア諸国の多くは、低所得水準のまま「ルイスのターニングポイント」に突入する可能性があると指摘されている。そして、農村から都市への労働の流動は経済格差を生じさせたことが指摘されている。

(7) 先進国における都市化メカニズムでは、技術進歩を中心とする経済発展の過程として都市部の生産性が上昇し、生産水準が改善されることに伴い、農村から人口が流出し、都市部人口が持続的に増加するプロセスである。また、その結果として、分業が一層推し進められ、外部経済や生活の効率化などにより、農村から都市への人口流出に一層の拍車がかけられた。アジア諸国における都市化メカニズムは、都市部の現代企業が未発達のため、十分な就業機会がなかった。そのため都市部第三次産業を中心とするインフォーマル部門が溢れ、都市部の貧富の格差が拡大された。

(8) 就業弾力性とは、経済成長率が1％変化すると就業者数は何％変化するかを意味する。就業弾力性が大きくなれば、経済成長の単位あたりの増加による就業増加水準は高くなる。経済成長は、雇用増加に大きい影響を与えると考える。

(9) オークンの法則（Okun's law）とは、一国の産出量と失業の間に経験的に観測される安定的な負の相関関係のことである。本来の経済学と違う手法で、産出量と雇用の間の関係を数量化したものである。しかし生産性などの、その他の要素は考慮されていないため、失業率の変動に関する説明は限定的である。

第11章 労働市場の変動と人的資源開発

はじめに

本章では、アジアの労働市場における雇用問題の問題点を整理しながら労働市場を展望し、アジア型のソーシャル・セーフティネット(Social Safety Net in Asia)の構築と、「雇用なき成長」現象の解消との関連について検討してみたい。そして、アジア型の経済成長による雇用への影響にも触れることにする。(1)

1. 労働市場とは

労働市場のメカニズムは、労働需給を調整する。労働需要より労働供給が過剰の場合、賃金は下がり、反対に労働供給より労働需要が過剰の場合、賃金は上昇する。いわゆる賃金メカニズムである。労働需給側に正確な情報を伝達するのは極めて重要であり、いわゆる労働市場の対象問題である。しかし、現実の労働市場では「非対称的」となっており、情報伝達は一方的となっている。労働需給のキャンプは常に存在しているのが現実である。

アジアでは就業規模増加は遅い。産業構造の転換が行われたものの、第3次産業の就業規模が依然小さく、就業規模増加は人口規模よりはるかに遅い。工業化は農業人口の雇用と無縁といえる。農村経済と関係なく都市化が遅れ、サービス業の発展が遅れている。都市部に移動しても雇用機会がなく、失業者になる。一般に、就業構造の転換による雇用への影響は、労働市場を通して労働需給構造を調整する。アジアでは、未整備の労働市場へのアクセスはできない。そこで、労働市場の市場化（雇用調整の充実）、就業支援サービス体制の形成、労働力市場政策と法整備、再就業支援体制（雇用補助金など）は、アジアの緊急課題となっている。一般に、労働市場を通じて雇用需給を調整するが、労働力人口規模は巨大で、しかも雇用不足が過度である場合、政府は労働市場へしばしば介入する。しかし、その効果は殆どなかった。なぜならば、労働市場調整機能のずれが生じるからである。

アジア労働市場の弱点は雇用の不安定、女性を中心とした雇用構造、女性の労働参加率の高さといわれている。さらには脆弱な社会保障制度（労働保障制度）に加えて雇用悪化、非正規化、労働環境の悪化が失業率の上昇をもたらし、完全雇用から非完全雇用へと変わったことである。実際、アジアの農村では多くの失業者が吸収され、完全に「プルー」という役割を果たしている。そして非正規部門に吸収されたことから、失業者が隠されている。

アジアの労働市場では公平性を欠き、情報伝達が非対称性をもち、労働者が弱い立場に置かれていることが、賃金調整メカニズムが機能しない原因だと考えられる。就業斡旋という支援体制が整備されていないため、仕事を求める人が労働市場に入るのは難しく、いわゆる「参入障壁」が高い。また教育水準も低く、労働技能水準も低いので、それがアジアの労働力過剰経済における特徴だといえる。しかし、政府の介入はマイナス面がある[(2)]。

なぜアジアにはALMPsの効果がなかったのか[(3)]。その原因ついて触れながら、アジアにおける労働市場の脆弱性を見てみたい。

一般論として、経済離陸期においては労働力が第1次産業から第2次産業へと緩やかに移動する。そして農業人口が次第に減少していく。産業がシフトすると同時に、大規模な労働力移動が発生する。経済成長安定期では、産業間における労働力移動が非常に緩慢である。ときには「還流現象」が発生するとともに、第3次産業に急速な発展が見られる。

労働力移動の原因は、所得格差の存在によるものである。経済成長とともに所得格差が拡大し、所得が低い地域の労働力は所得が高い地域へと移動する。ラムリー（Rumley,D.）は、「アジア地域の、地域としてのまとまりを形成している有力な基盤が、ほかならぬ人口移動（労働力）の緊密さ」であると述べている。(4) アジア地域における活発な人の流れと、地域内で所得格差が大きいことにも注目する必要がある。労働人口移動は所得格差によってのみ規定されることはなく、資本や財のフローと複雑に関係しつつ生起すると考えられる。このような大きな格差の存在は労働力人口移動の誘因と考えられ、しかし、移動先の就業機会の保障はない。労働力移動は雇用調整の機能をもっている。

第1次オイルショック後、ヨーロッパ諸国は高率の失業率を解消するために、雇用政策を所得保障という受動的なものから、再雇用の支援という積極的労働市場政策に転換することで、失業問題の解決に一定の成果を得た。積極的労働市場政策は、フォーマル・セクターが発展し、所得水準が高まり、熟練労働力が重要な位置を占めるようになるほど必要不可欠なものとなる。具体的には、教育訓練などの積極的施策への公的支出を増大させることで、長期失業者や新規求職者が労働市場で公正かつ効果的に競争できる能力を高める、結果的に効果的な求職活動を可能とする。また、職業紹介や職業相談機能の強化によりミスマッチの解消をすすめることで、その費用対効果が高くなる。そこで、雇用増大の手段として賃金格差の拡大を抑制したい国では、積極的労働市場政策と教育訓練に力を入れてきた。付加価値の高い分野の仕事を増やしながら、フルタイムの雇用を拡大することを目指すのが、本来の雇用創出である。雇用創出は、積極的労働市場政策の政策目標といえる。

一般に、積極的労働市場政策で採られる政策手段を、労働需要と労働供給の側面に分けて考える。つまり、労働需要面では、いかに雇用を創出する政策を用意できるかということである。例えば、中高年や障害者など不利な立場にある集団のためのプログラム、過疎地域や構造不況地域など就業機会の乏しい地域での雇用創出、季節労働や日雇い労働などの調整、中小企業の新規事業分野への進出支援による就業機会の拡大などである。

一方、労働供給面でのプログラムでは、職業訓練、在職者の再訓練、労働時間制度の調整、社会保障制度との連携（例えば年金受給開始年齢）、外国人労働力に対する政策、社会的な職業能力評価制度（職業資格）と教育、キャリア・カウンセリング・システムと職業紹介、広域職業紹介と移動手当の支給など、不利な立場にある集団の社会統合のための特別措置などである。

積極的労働市場政策の、もう一つの重要な内容は、失業給付水準の向上である。失業給付の水準が一国の失業の規模に及ぼす影響は、労働需給バランスに対する賃金伸縮性の程度によって異なるだけでなく、失業保険制度に加入している労働組合の割合、完全失業者にしめる保険受給者の割合など、きわめて多くの要因に依存する。中国では、労働者がもっている技能を循環的に最大限に発揮することと、特殊な労働者への配慮などを実施し、産業間・地域間における労働者の「流動化」を促進するという雇用促進策を打ち出した。つまり、人的資本への投資を増加することによって雇用増加を図ったのである。積極的労働市場政策は、労働市場に政府が積極的に介入して、失業率を少しでも低下させようとする考えである。[5]

2. 労働市場の整備とSSNの構築

20世紀末以来のグローバリゼーションと市場化の進展は、アジアに新たな経済成長機会をもたらした。そして同時に、過剰人口を抱えるアジア諸国では、それを補完する制度的装置としてSSNの充実を必要としているといわれる。[(6)] アジア諸国におけるSSNの機能と制度変化が、雇用増加に繋げられるか。このような問題意識や理論分析は、アジアにおける社会経済システム全体の調和ある発展にとって、経済分析の面から資することになるのである。雇用システムが未完備状態であれば、それを補完する救済措置としてのSSNは重要である。

社会政策の文脈では、SSNは市場規律の下での自己責任の受容を原則としている。SSNとは、個人や企業の予想できないリスクへの対応のための社会政策プログラムを意味する。その主要内容は、雇用リスクに対する雇用保険や健康上のリスクにかかわる疾病・労災保険である。市場メカニズムの不備による所得分布の不公平等、あるいは構造的な貧困問題に対処するための通常の社会福祉プログラムである。そのなかで、雇用リスクの軽減は、その中心に位置している。

SSNのもう一つの機能は、貧困拡大の予防である。貧困は、市場メカニズムでは最適解に到達できない所得分配の不平等、または市場の失敗、政府の失敗や発展に必要な物的・知的・制度的なインフラの不足によるものである。とすれば、SSNはこうした貧困状態に陥った人の最低限の生活を保障するためのプログラムである。つまりSSNは、不確実な事象の生起によって、人々の生活水準がナショナル・ミニマム以下に低下する場合の対応措置であると言える。(7) しかも個人の生活水準の安定化を目的とする雇用保険は、必ずしも再就業を保障するとは限らない。

東アジア諸国では危機以前から、そして危機以降現在に至るまで、社会福祉制度は概ね未整備である。失業保険（労災・医療保険）は殆ど導入済みである。失業保険は、マクロ的ショックによる失業や貧困に対応するための手段である。中国ではリーマン・ショック後、失業予防の安全網として、失業保険が整備され始めた。中国はリーマン・ショック後、帰農現象が起こり、失業保険が機能しなかった。失業保険のモラル・ハザードの危険性、伝統的な村落共同体や、家族・血縁内の相互扶助に期待する傾向があった。(8) そのため政府はスペンディング・ポリシーを実施し、大規模な公共投資を行って景気を刺激し、雇用創出と生産事業の拡大を目指した。

SSN の必要性と役割とは、ショック吸収メカニズムを構築することである。伝統的な農村共同体の労働力吸収力である。すなわち、マクロ的雇用・所得ショックに対して都市の労働者が農村に帰り、そこでの所得・雇用シェアリング・システムの下で一時的シェルターを得るというメカニズムである。(9) 東アジアにおける農村のショック・アブソーバーの役割は機能しているとはいえ、東アジアの農村が都市にくらべて圧倒的に貧しいことが根本にある。また、内在的メカニズムとして、企業における雇用安定化機能が働いている可能性がある。

重視しなければならないのは、アジアでは経済成長に伴って、農村共同体や地域内相互扶助組織が急スピードで解体していることである。また、農村の雇用のクッションとしての機能が低下し、人口の高齢化もさし迫った問題となっている。さらに、都市化に伴う様々な新しい社会問題やリスクも増大している。そこで、労働市場の機能を高めるために、労働市場の「民営化」が緊急課題となっている。

ILOが特に力を入れたのは、雇用拡大のための公共事業の推進である。貧困地域の雇用創出策として効果的な、生業的な零細企業の育成では、少額融資面での与信を与えたり、職業訓練や市場調査などを支援するなど、その育成に力を入れて雇用創出に繋げたり、外国投資を促進するようなビジネス環境の整備にも力を入れている。社会的対話の促進が必要である。あるいは社会的なカウンターパートとして、労働組合が社会的な役割を担えるように改革を進める。また、社会保障制度、社会的安全網の整備が必要である。労働需要に基づいて、どのような人材を、どれだけ育成すべきなのかを明らかにしたうえで、職業訓練の展開を検討しなくてはならない。どの程度の失業率を見込んで開発を達成していくのか、との視点が肝要である。イン

フォーマル・セクターの開発は、一層重要になってくる。(10)

3. 経済発展と労働市場の市場化

健全な経済成長の中で雇用機会を生み出し、適切な労働供給を実現するには、健全な経済成長とともに公正な所得分配が重要な課題となる。ASEAN の国々は、外資の導入で輸出産業を育成しながら技術移転を促進し、これをテコに地場中小企業に波及させ、輸出主導型の経済成長を実現していった。日本を NIES が、NIES を ASEAN が追いかける雁行型経済発展モデルといわれた。しかし、労働力人口規模は依然大きく、過剰供給状態が解消されないままである。このため、産業構造の調整による労働力人口の適正化が図られなければならない。

失業者の、労働市場への復帰を助ける有効な手段の一つが失業保険である。失業保険はそもそも偶然に発生する事故によって生じる財産上の損失に備えて、多数の者が金銭を出し合い、その資金によって事故が発生した者に金銭を給付する制度である。(11) 失業保険制度では就業期間中に保険料を納付したことが失業給付の前提となるが、無拠出の失業手当制度を設けた国もある。資本主義国家では失業が長期間続くと労働者は生存の危機にさらされるため、失業保険や失業手当の制度がなければ、失業者はたとえ労働条件の劣化な不安定な職であっても就労を強制されることになる。アジア諸国では失業給付の期間は短く、失業給付額も欧米諸国で制度化されているような最低生活保障の原則を欠いていることと相まって、失業者に就労を迫る要因となっている。また、公共事業による雇用創出には各国とも積極的に取り組み、緊急避難的には有効な対策となっていたのだが、必ずしも社会的インフラ整備として後年役に立つものが優先されているわけではない。

アジア諸国が必要とするSSNは、経済発展に見合ったものを考えるべきだろう。社会的保護のSSNは大事ではあるが、それらと関連する諸政策の統合化されたパッケージが必要と考えている。要するに、生産性向上したと同時に雇用創出に繋がることが望ましい。

景気回復は基本的には需要政策で考えるものであって、労働供給サイドをいくら操作しても基本的にはあまり大きな効果は期待できない。むしろ新規事業分野の開拓と競争力を回復させるために必要な、広い意味での生産性向上施策に注目すべきである。新規ビジネスの拡大や生産性向上によりパイを拡大しない限りは総人件費の増加が期待できないので、労働条件の向上や雇用の純増も望めない。労働供給サイドだけをいじっていても、総所得が一定のなかでより多くの人に配分するのだから、むしろ生活水準を一定程度下げる覚悟が必要とされる。それならば、景気の回復には、高生産性で競争力のあるセクターが経済全体をリードし牽引する構造を作り上げることが優先されるべきであり、そのような産業政策が展開されるべきであろう。

グローバル化のなかで労働集約的な部分はNIES諸国でも高コスト構造にあり、産業の高度化が緊急の課題となっている。労働力需要も、技術者などより専門的ノウハウを備えた人材に移っている。したがって、スキルの低い失業者の雇用吸収が可能な分野は減少しており、職業訓練体系の見直しが必要となっている。

そしてアジアでは、経済成長を遂げながら経済発展が遅れているのはなぜなのか、市場の未発達が、その主要な原因とよくいわれる。輸入代替型工業戦略にしても輸出代替型工業戦略にしても、一種の市場戦略と言っても過言ではない。農産品市場の、海外へ、そして国外市場を狙った軽工業品の輸出は、結局は「市場」を獲得するのが目的である。経済体制の根幹である所有制度は、市場と適応しない部分を改革しなければ、結局、経済成長があっても経済発展はしないということになる。過剰人口では農業人口が多く、一番先に整備されるのは農産品市場と、それに関連する軽工業品市場である。重工業工業化は結局、格差拡大に繋がり、計画配分という行政手段による格差は固定化され、より拡大する傾向に発展していく。

近現代アジアにおける社会構造の変動は、例えば、労働力移動による社会の階層化をその一例として挙げることができる。クラークの法則に従えば、工業化が進むと同時に都市化が進展して人口が都市部に集積した結果、巨大都市化問題も出てきた。人口論からすれば、若年人口が多ければ多いほど経済発展が有利となる。いわゆる人口ボーナス問題である。また、社会人口の流入と流出に伴う社会階層の移動をもたらす。ASEAN諸国の人口移動は、その一例である。アジアには都市が人口集中する傾向が見られるが、モンゴルのように都市部人口が減少して都市化率が低下している国もある。アジア諸国は経済成長過程において、生産性向上と余剰労働力の解消という問題を最初から抱えていた。つまり、経済成長を遂げたにもかかわらず、それに相応した雇用増加が見られなかったのである。

これによって、雇用志向型工業化の成否を評価できるのか、様々な議論があるが、雇用工業化の推進でアジア諸国は経済離陸し、成長を収めた。雇用手段を通じて貧困からの脱却にも成功した。そのなかで、日本から東南アジアへの直接投資は、投資国の雇用増に大きく貢献した。中国の改革初期段階での日系企業の雇用者数は総就業者数の10％を占めており、主に農村部の余剰労働力の吸収に寄与した。台湾が工業化と同時に雇用問題を解決できたのは、労働集約型産業構造を選んだからである。アジアでは構造的失業が多い。世界経済の減速は不確実性の要素を抱えており、先進国の低成長と発展途上国では雇用喪失が発生している。

アジアの工業化は、本当にアジアの雇用問題を解決できたのかが問題となっている。[12] アジアの雇用規模は人口規模に比べてあまりにも小さかったので、雇用格差が生じ、かつ失業保険といった社会保障制度の未整備のため、より雇用格差の拡大に繋がった。その原因は、工業化・都市化が急速に進み産業構造の転換が急速に進んだが、就業構造の転換が遅れていたため、過剰労働人口が溢れてしまったからである。

アジア的労働力移動は、アジア諸国の近代化にどのような影響をもたらしたのか。日本・アメリカは経済離陸の際に、労働力の大規模移動による国内消費市場を形成し、最終的に内需型経済発展形成の基礎を作った。つまり、農民から低所得賃金労働者へと転身して、まもなく工業労働力としての賃金労働者になった。しかもこうしたアプローチがほぼ同時に進行していたから、国内消費市場が急速に形成出来た。そして雇用創出に繋がって、長期間にわたって失業率が低水準に留まることができた。しかし、アジア諸国は経済発展の初期段階において国内消費市場の規模が小さく、アメリカあるいはヨーロッパ市場に頼り、仕方なく輸出志向型工業化を目指した。結果として、大量の雇用喪失が発生した。一般的に過剰経済状況下では、労働力人口の規模は巨大で、雇用増加の速度が遅い。そのため、高度成長にもかかわらず「高成長・

高雇用」の実現は難しいと思われる。

アジアの都市化の速度は急速ではなく、緩慢であった。その理由は、農村社会の近代化を支える社会制度が整備されていないからである。農村の性格はなかなか変わらない。農村が貧困のまま、都市部だけが近代化に向かいつつある。

過剰人口とは、仕事をしたいが、仕事が与えられない、簡単にいえば、経済成長が作り出した雇用機会が、人口規模（労働力人口）より遥かに少ないということによって発生する。要するに、労働需要より労働供給が大きく、過剰供給状態にあることである。であるから、しばらく仕事が与えられていない人に職業訓練といった人的資源開発活動が必要となってくる。それは、労働需給状況を一時に緩和することを目的とする。工業集積による人口集積が急激に進んでいった結果、巨大都市化と、都市部で人口爆発した一方、農村部では人口過疎化現象が起こった。これらの現象は通常、人口移動革命とも言われる。

アジアでは昔から、貧困をなくすために域外資本導入・技術移転を通して経済発展を図ってきた。食糧を確保するために「緑の革命」を起こして食糧問題を解決しつつ、農業生産性が増して次第に食糧の生産高が上昇していった。しかし、農業従事者が土地から排除された。アジア的経済成長は資源依存型経済成長にすぎず、こうした経済成長はいかに雇用と直結できるかが大変難しい問題となっている。

タイ・フィリピン・インドネシアなどASEAN諸国は、一九六〇年代から輸入代替工業化戦略から輸出代替工業化へと転換して経済成長を目指した。しかし、一九九〇年代、アジア金融危機の影響で経済は一時的に低迷し、輸出も減少し始め、農産物の輸出が激減した時期もあった。一九九〇年代後半に経済が緩やかに回復したが、失業率は高水準に留まっており、若年労働力を中心とした失業者は増え続けた。労働需給構造はそれほど変わらないが、過剰供給状態は改善されず、「低成長・高失業」あるいは「雇用なき成長」現象が見られた。産業構造の脆弱性が露呈したといえる。

いうまでもなく、二重構造はアジア諸国に共通した特徴といえる。農業生産性が低いので、農業所得が都市に比べて低いため、農業労働者が絶えずに都市へと移動するのは変わらない傾向である。とくに一九六〇年代は大量の出稼ぎ者が一気に都会へと流入して、あらゆる都市で人口が溢れる状態になった。急速に工業化・都市化が進んだ結果、都市機能の低下を招いた。それは今日までも続き、巨大都市化は都市経済・都市の経済発展を遅らせたおそれがある。所得格差が大きく存在しているため、農民が農村（農業）から離れて都市（工業）へと流動して、都市あるいは工業に定着できない場合、都市部のインフォーマル部門に滞在し、あるいは都市のサービス部門に入る。しかし、そのときの都市のサービス部門が未発達なので、提供できる就業機会が少ないのである。

注

（1）経済発展の目標は、個人の経済福祉の増大である。そして、人口増加による規模の経済を実現できる。しかし、規模経済が収穫逓減した場合、不完全失業者は増加して、経済的な恩恵はごく一部の人だけが受けられるため、経済のフロンティアを呈している。人口増加は不完全失業を生み、貧困問題をより深刻にするおそれが大きい。また、教育水準は益々下がり、それが1人当たりの生産性を低めることになろう。

（2）工業社会における労働市場、並びに農業社会の労働市場、ひいてはアジア的労働市場では、本当に弾力性に富む労働市場であるか。例えば、高齢化社会で対人サービスの需要が増えているため、雇用格差が生じやすくなる。

（3）ALMPs（Active Labor Market Policies）とは、消極的労働市場政策（negative or passive labor marked policies）と相対して積極的労働市場政策のことである。ここでいう「積極的」というのは良い労働環境に恵まれない労働者（労働意欲ある労働者を指す）に労働機会を提供して（作り出して）、あるいはいまの労働環境を改善することによって労働者の就業を促進することである。つまり、政府の政策加入による雇用環境づくりということである。ここでは労働者が労働市場へ参入しやすくするために、政府介入は労働市場の機能整備に重点をおくことである。

（4）ラムリー（Rumley, D.）『世界的な地政学的変化とアジア地域―定義、課題そして選択―』を参照。

（5）ここでいう特殊な労働者とは、仕事経験がない、身体障害者、女性、若年労働者、長期失業者、年寄り、家庭主婦などを意味する。

（6）SSNは一種の社会政策（福祉）の考え方である。小さな政府と市場主義を基本的立場とする国際機関のロジックは、政府の活動の拡大を伴うこうしたプログラムの導入は選択肢としてありえず、そのため、それに代わる安価な社会政策プログラムとしてのSSNの導入が選ばれたと考えられる。

（7）ナショナル・ミニマム（national minimum）とは、国家（政府）が国民に対して保障する生活の最低限度（最低水準）のことである。日本の場合、根拠として日本国憲法第25条がある。これを保障するための社会政策は、生活保護法など数々あるが、それらを総称して「セーフティネット（安全網）」と呼ぶ場合がある。なお、国家として保障するものを「ナショナル・ミニマム」というが、地方自治体単位での最低限度の生活水準（生活環境水準）については「シビル・ミニマム（civil minimum）という。ただしこれは和製英語である。

（8）モラル・ハザード（moral hazard）とは、①プリンシパル＝エージェント問題。経済学のプリンシパル＝エージェント関係（使用者と被使用者の関係など）において、情報の次対称性によりエージェントの行動についてプリンシパルが知りえない情報があることから、エージェントの行動に歪みが生じ、効率的な資源配分が妨げられる現象。「隠された行動」によって起きる。②保険によるモラル・ハザード。保険に加入していることにより、リスクを伴う行動が生じること。広義には①に含まれる。③倫理の欠如。倫理観や道徳的節度がなくなり、社会的な責任を果たさないこと。

(9) シェルター（shelter）避難所程度の意味（心のシェルター）、シェアリング（sharing）雇用を分け合うこと。

(10) インフォーマル・セクター（informal sector）非公式部門。開発途上国にみられる経済活動において公式に記録されない経済部門のこと。靴磨き・行商などといった職種から構成されている。家庭内の労働・路上販売・農業など、監督や統計の対象となっていない部門のことである。労働法の対象から外れている場合が多いといえる。あるいは零細企業等の、組織化されていない労働者を指す。

(11) 失業保険とは、労働者が失業した場合、一定期間の所得保障を行うことによって、労働者の生活を保障しようとする社会保険の一種である。失業保険という制度設計は、大数の法則原理に基づく。大数の法則（law of large numbers）とは確率論・統計学における極限定理のひとつで、「経験的確立と理論的確率が一致する」という、素朴な意味での確率を意味付け、定義付ける法則のことである。

(12) 工業化の戦略は、安易に他国を真似するのは妥当ではない。とくに、殆どの発展途上国では過剰人口問題を抱えて、雇用問題が緊迫し、社会問題となっている。時々政治問題として扱い、社会安定の応急措置として雇用対策が採用されたことがしばしばある。

第12章　工業余剰の転換と貧困悪循環の克服

はじめに

これまでのアジア諸国の貧困問題の研究は、大別して貧困の認識と計測に焦点を当てたものであった。そして一九六〇年代以来、急速に進んだ工業化の大規模経済開発による貧困撲滅の効果を、如何に計量的に実証分析するかというものに大別して考えることができる。前者の研究の歴史は古い。その代表的な存在といえるのが、いわゆるプレビッシュ＝シンガーの命題である「先進諸国に対する発展途上の交易条件は構造的に悪化する」という、ラウル・プレビッシュとハンス・シンガーの主張であり、明らかに鮮明的な構造主義の考え方である。しかもこうした主張は、一九四〇年代から一九六〇年代中ごろまで開発経済学を支配した[1]。アジア諸国はこのような思考に従い、一九七〇年代ないし一九九〇年代まで、様々な試みをした結果、韓国・日本のような貧困緩和に成功した国があれば、フィリピンやインドネシアのような失敗例もあった。なぜかというと、研究者の目線が経済開発の効果を疑い始めたからである。経済開発によって作り出された雇用機会は、本当にどこまで貧困緩和に繋がるのか。そもそもアジア諸国の経済体質そのものは欧州とは異質であるにもかかわらず、工業化を急速に進め、農業開発においては農業生産性の上昇による農業所得が高まった一方、過剰労働力人口が一気に都市に排出されてしまった。それを経済学的に制御できなかったのはなぜであろうか。

1. 働く貧困層と低雇用

それから一九九〇年代以来、アジア諸国では「働く貧困層（working poor）」問題が相次ぎ発生している。[2] つまり、高度経済成長期を経て低成長へと転換したにもかかわらず、長期間にわたって経済構造とセットになる産業構造の調整ができなかったため、労働市場は硬直状態のまま、自発失業（unemployment）または偽装失業（disguised unemployment）が溢れている状態である。[3] こうした低雇用問題は経済離陸後、とくに体制移行に伴う工業化初期段階で、市場制度の未整備のため工業労働力の形成に影響している。熟練労働者の不足のため、非熟練労働者との賃金所得格差が一段と拡大した結果、貧富の格差の拡大を招いた。要するに、雇用率の低下により雇用規模が拡大せず、過剰人口の圧力で失業者数が増加し、労働市場の過剰供給状態が続き、失業者がそのまま貧困者になるケースがしばしばあった。

このような雇用機会不足、いわゆる「雇用なき成長」は、先進工業国が経済成熟期に入ってからよく見られた現象である。つまり、労働市場が過剰から不足への転換点を過ぎてから、価格メカニズムという機能調整ができなくなるからである。低雇用のまま失業者になることによって、社会が二極化・貧困化問題を起こす。なぜ経済発展途中でもあるアジア諸国は、このような、いわゆる先進国「オランダ病」が工業化初期段階から出現してしまったのか。人口構造の転換が早かったため、過剰人口の影響や植民地時代のモノカルチャー（mono culture）経済構造の遺産、さらに後発利益を受ける低発国にとって越えなければならない「経済学的罠」とまで言われている。確かに、アジア諸国で経済発展論が指摘されているように、数々の「罠」に直面している。それをいかに回避できるかという点では、アジア諸国の国民所得水準の上昇や貧困撲滅などの問題を解決することが鍵である。「貧困の罠」のような、アジア諸国の貧困層が一九六〇年代以来半世紀にわたって経済発展の努力をしたにもかかわらず、貧困から抜け出ることができなかった。なぜかという問題を取り上げて、この問題を体系的に考える。

経済的貧困状態とは、開発経済学では国が低開発状態であることを意味する。ここで留意しなければならないのは、低開発状態と経済発展論における「低成長」段階とは異なるということである。低開発状態は所得低減をもたらす効果があるため、社会に安定性をもたらす性格をもっている。一方、経済「低成長」とは、経済成長が安定期を経過して成熟段階に入ることである。所得再分配はうまく進んでいるため社会は極めて安定した状態であり、時々消費不足による有効需要不足でマイナス成長となることもありうる[4]。

また開発経済学上の「貧困の罠」に対する人口学的解釈は、人口増加速度より食糧増加が遅れているため、加えて土地生産性の制約により外部から刺激がなければ食糧が収穫逓減していくことで、食糧不足で貧困または貧困人口が生まれることである。このような「貧困の罠」は「リカードの罠」とも呼ばれている。つまり、耕地面積の有限性をもっているからである。そこで、農業生産性を引き上げる方法しかないというのが、開発経済学の考え方である。そのため、農機普及や品種改良・化学肥料の増投などの措置が、一九六〇年代からアジア諸国に普及した。同時に都市部の非農業部門の成長により、雇用拡大によって貧困人口を吸収できれば、生産された賃金財を農業に転移することにより農業所得増加となり、貧困は緩和されるという最終目的を達成できる。

社会保障制度の未整備のため貧困者が貧困状態に陥っていると、所得がないため教育を受ける機会もなく、労働市場から完全に排除されてしまうため、次世代も貧困状態からなかなか抜け出せない。そのため「貧困の連鎖」または「貧困の負の連鎖」という現象が起こる。このような貧困を持続させてしまう土地制度を改革しなければならない。しかし、土地制度の根幹である所有権は地主側にあるため、小作人が提供できるのは単に単純労働にしかすぎない。そうした単純労働からの脱却のためには、技能取得できる教育歴が必要となる。確かに、教育等の人的投資に対する公的支援は、「貧困の罠」または「貧困の負の連鎖」のような悪循環を克服するために有効な手段として使われている。しかし、「貧困の悪循環」の克服は、教育効果や人口再生産のタイムラグ問題もある。貧困の連鎖を単純に断ち切ることは容易ではないことが、すでに開発経済学から証明されている(5)。

2. 生産と貧困の負の連鎖

貧困、または「貧困の負の連鎖」はとっくの昔から始まっている。つまり、階級社会の産物とよく言われている。[6] そして近代社会になってからは、工業化・都市化という近代化プロセスを経て、人類史上類を見ない経済成長が遂げられ、そのおかげで人々の経済厚生水準が飛躍的にアップした。しかし、社会制度が未整備のままスタートしたアジア諸国の近代化は、経済成長によって、とくに大量生産体制の確立で、これまで数え切れないくらいの富（財）が作られ、それをどのように配分するかができなかったため、財は一部の人に集中的に配分されるようになった。つまり、経済成長の成果は公平に分配できず、わずか一部の人々が豊かになり、多くの労働者が経済成長の恩恵を受けていなかった。経済成長の成果を配分することは、所得という表現にすれば、つまり所得分配の不平等による貧困が生まれたことになる。

遡っていえば、貧困は階級社会の産物である。階級社会では、経済成果の分配は身分制度によるものである。生産物を分配する唯一の基準は階級性であり、だからこそ身分が高ければ高いほどより多くの財を手に入れることができる。しかもその身分制度は固定化されていたから、世代間で継承されてしまう。この意味では、身分制度は一種の世襲といっても過言ではない。こうした階級社会の「身分制度の連鎖」により、「富裕の連鎖」がよく観察されるようになっている。そこで今日、先進工業国の日本で「貧困の連鎖」より「富裕の連鎖」が社会問題になっているのは、身分制度の遺産でもある。ここで注意しなければならないのは、貧困とは清貧と同義ではない。先に豊かになった富裕層が、健康ブームの流れで「清貧」な素朴な生活を送っているとしか見えないかもしれないが、貧困は社会的・経済的な理由で、最小限度の基本的な生活すらできない状態である。清貧は一種の、文化的追求と考えられる。

いうまでもなく、貧しい生活に喘ぎ、食糧しか求めない人々が社会に対応できるためには、最初の段階で如何に生産工程を拡大し生産物を供給拡大するかということが重要である。ただし、生産・分配・消費・再生産という過程では生産物（商品・食糧）が生産されるが、その目的は、消費ではなく「再生産」ということである。いずれにせよ消費段階は分配と切り離すことはできない。生産・分配・消費・再生産という四つの活動過程はすべて関連している。物が足りない低開発時代では、生産規模の拡大により大量の商品が生産された。つまり、大量生産体制のおかげで生産供給サイドが拡大してきた結果、貧困者が作り出され、分配という過程は軽視されてきた。例えば生産物の分配は現物支給でなく、貨幣を媒介した「所得」という形で、労働に応じて労働者（雇用者）に配分される。実は、所得分配一連の制度によって行われる。しかし、所得分配もしくは所得再分配という制度自体にも欠陥があり、分配過程で問題が生じて社会を不平等化させ、所得分配によって貧困が加速する可能性がある。

開発経済学では、労働者が技能取得するための最小限度の資本が絶対的な不足が貧困の原因であるとしている。そして貧困の定義からすれば、貧困とは教育・仕事・食糧・保健医療・飲料水・住居・エネルギーなど、最も基本的な物・サービスを手に入れられない状態のことである。つまり貧困は、一種の人類再生産のための最小限度の必要物が不足している状態であり、貧困により人類の再生産は段階的に遮断されてしまう恐れがある。

貧困に影響する要因として、教育・労働・食糧などが挙げられる。現代社会においては、低所得がもたらす最大の要因は教育の欠如であると言われている。教育を受けてはじめて技能訓練の機会が得られるようになることから、教育は肉体労働から技能労働あるいは熟練労働へと転換できる、唯一の手段でもある。労働は所得を得る手段だとすれば、雇用形態を維持できるならば所得安定のため貧困は緩和される。ここでは、労働は生計を立てることを前提条件として考える。労働を手段として、雇用が所得を生むということである。逆に、失業あるいは不安定な雇用形態（臨時雇用、有期雇用、日雇いなど）が低賃金のため、基本生活に大きな影響を及ぼしている。そういう人々が地域的・社会的生活から排除されてしまうから、社会から疎外され取り残されることになる。それに加えて、このような人々はあまりにも知識がなく、生産性の高い方法で食糧生産もできず、高い栄養価の食べ物を選別することすらできないため、これだけでも直接健康に影響している。さらに住居がなく、都市や農村を問わずホームレス化生活を強いられるから、社会的・文化的排斥によって貧困層が形成される。このような悪循環は、高度経済成長後もアジア諸国の至るところで見られるようになっている。

一九六〇年代以来、アジア諸国は経済成長を遂げつつも貧困人口が増え続けている。社会経済諸制度の未整備や欠陥などが原因で、新たな貧困層も生まれたわけである。そもそもアジア諸国の経済構造には問題があると思われる。「経済学的罠」を如何に回避できるかは、アジア諸国の貧困問題を解決する鍵であるといえる。

アジア諸国の貧困層は労働以外に経済的資源をもたないため、労働する場所を選択できず、さらに貧困から抜け出せなくなる。基本的に、アジア諸国は政官癒着のうえ、労働市場において独占状態にある。業種間では賃金格差が固定化されている。一方、労働市場が硬直化しているため、産業間における労働力移動ができない。つまり、労働以外の資源をもっていない人々は、労働市場への参入はほぼ不可能である。結果として、貧困層は農業に従事するか、あるいはサービス業に参入するしかない。さほど教育歴がないからである。

以上述べた貧困（poverty）は、主に経済的な理由によって生活が苦しくなり、必要最低限の暮らしもおぼつかない状態をいう。貧困の原因は、ミクロ的に考えれば低賃金や失業などが考えられる一方、社会的・経済的な貧困原因として、戦争・紛争・人口爆発・農業環境の悪化など社会インフラと社会保障制度の不備、富の再分配機能不全にも関連している。つまり、貧困は経済活動に直接関わり、インフレーション及び人治社会の法律、政府社会の腐敗、乏しい教育機会なども関連している。アジア諸国は階級社会を特徴とし、政官癒着構造が財の集中を助長している。結果として社会は二極化し、所得格差を拡大させやすい。貧困層が、経済発展に伴い規模縮小を実現できなかった背景については、次節に譲りたい(7)。

3. 工業余剰の転換と農業生産性の上昇

経済発展史においては、貧困層の厚生水準上昇もしくは貧困の撲滅は、昔から経済の近代化を阻害するひとつ大きな要因だと言われている。アジア諸国はなぜ、経済発展の初期段階において貧困問題が発生したのかについて、以下のように述べておこう。

農業を中心としたアジア諸国は、工業が貧困緩和に貢献できるとして推進してきた。結果として、工業化すればするほど貧困層が増えるという悪循環に陥った。なぜならば、貧しい貧困層はそういった工業化によって急速に増え続けた工業製品を消費する能力がないからである。つまり、供給構造の硬直性を克服すると同時に、消費構造の転換をしなければならないということである。

アジア諸国は一九六〇年代以来、経済発展のために工業化を急速に進めた。しかしながら、社会保障制度が未整備のままでスタートした工業化は市場制度基盤が弱かったため、二重構造下で所得格差が拡大し続けた。クズネッツ仮説が予測した「……経済発展につれて所得格差が縮小しながら収斂していく……」という現象が見られなかった。加えて、人口立国論、またはマルサス人口論の影響で人口爆発が相次ぎ発生したため、人口規模は雇用規模を遥かに超えてしまった。結果として、工業化初期段階でのわずかな工業余剰は、食糧供給を拡大するために、やむなく農業に投下するしかなかった。しかし、農業人口規模が膨大で、投資による技術進歩を代表とする農業生産性の急上昇は見られなかった。さらに、農業生産性の上昇が工業より遥かに遅れていたため、農業所得の制約で農村はますます貧困化し、大量の過剰労働力が農村に滞在したまま貧困人口になった。要するに、工業余剰の転換による農業生産性の上昇効果があったにもかかわらず、農業人口の急増でその効果は相殺されてしまったのである。[8]

そのなかでアジア諸国は、政策転換を図り、一次農産物の輸出増加に力を入れて国際貿易、とくに加工貿易を代表とした労働集約的産業を通じて農業労働力の比較優位性を活かそうとした。そして、国際貿易規模の拡大に伴い、大量の雇用機会が作り出された。しかし人口爆発による労働力人口の急増により、こうした雇用効果が相殺されてしまった。都市・農村を問わず、溢れた失業者はそのまま貧困者になり、これは、アジア諸国における貧困人口が増え続けた要因の一つでもある。アジア諸国は、国際貿易を通じて雇用規模の拡大に成功した。とは言え、雇用効果は一時的であった。雇用率を維持できないため、雇用は低水準が続いている。

一九九〇年代初頭、世界範囲での市場活動の拡大によって労働生産性格差を縮小しようという試みは、アジア経済全体に大きな影響をもたらした。これまでの南北問題とは異なる、生産性格差の是正より分業体制を強化すべきという考え方が、一九九〇年代から開発経済学の主流となった。そして先進国は技術革新・技術開発に専念し、発展途上国では単純な重複労働を中心とした、新たな国際分業体制が世界経済の中心となった。また二〇〇〇年以降、ITバブルの崩壊や金融市場の混乱による世界的格差（とくに所得格差）が拡大され、経済が成熟に向かっていたアジア諸国は、一方で人口の高齢化による社会負担が大きくなり、財政赤字型経済構造がその弱点を一気に露呈してしまった。つまり、「雇用なき成長」経済が続き、雇用率が低水準で失業率が上昇し続けたのである。アジア諸国の貧困人口が再び増え始めている。そこで、国際環境の変化のなかでいかに貧困撲滅するか、という課題にアジア諸国は直面している。経済発展過程論に加えて、経済のグローバル化による市場のサービス化等の問題も、アジア諸国の貧困緩和に新たな問題をもたらした。経済国際化戦略を考える際に、貧困対策を重要な要素として考えざるを得なくなった。そして、より実証分析を重ねた経済発展論や国際経済理論から貧困問題を取り上げて、その発生メカニズムや解決方法も必要となってくる。

なぜアジア諸国は、開発過程でまもなく生産過剰供給時代に入ったのであろうか。基本的に、産業構造とマッチした過度な工業開発の結果と言える。開発経済学では、経済開発により労働需要が作り出され雇用機会を増やすことで、貧困撲滅という目標を達成できると主張している。つまり、開発は貧困を削減できる効果があると信じられており、一九六〇年代のアジア諸国を支配した構造主義は、開発すればするほどアジア諸国の供給サイドの硬直性を克服することができるというものであった。言うまでもなく、開発により雇用機会が作り出され、労働率の上昇による貧困の厚生水準がアップし、社会全体は豊かになる。しかし、アジア諸国は市場制度の未整備のため、市場価格制約で所得再分配による貧富の格差を解消できなかった。政府主導型経済開発は、経済規模の拡大による貧困問題の解決、および国民経済の厚生水準の上昇に寄与した一方、所得再分配制度の欠陥で新たな貧困層が生まれたのである。

同時に、アジア諸国は生産性格差に起因した南北問題と、生産性の上昇による貧困問題を解決しようとしていた。アジア諸国は一九六〇年頃、農業開発に着手していた。いわゆる「緑の革命」（一九五〇―一九七〇年代）という農業改革を開始した。「緑の革命」の内容は、低い単収の在来種の改造に伴う高収量品種の創成であり、要するに、一定の耕地から最大限の収量を確保すべく肥料を増投し、増投した肥料に即応する米の高収量品種を開発し、これをアジアの耕地に普及させるというものであった。つまり、農業開発による土地生産性を上昇させ、食糧増産による生活水準の改善を目的とした。現在では「ポスト緑の革命」ともいうべき農業開発が、アジアの食糧供給に貢献できたことを否定できないものの、農業生産性の上昇により農業労働力が過剰になり都市へと移動した結果、都市工業部門の雇用を圧迫した。しかし、教育歴の低い農業労働者は、工業労働力になるための最小限度の人的資本を持っていないため、都市部の単純労働に従事するしかなかった。農業生産性の上昇により、農民の所得上昇、社会開発を通じた農村貧困人口の削減というプロセスが行き詰まった結果、農村に大量の過剰労働力が一気に溢れた。農業においても、工業においても、こうした労働力人口に十分な雇用機会を提

供できなかったため、失業のまま貧困者になった。これこそが、アジア諸国における農業開発の教訓といえる。(9)

そして、アジア諸国が経済発展過程において、上述した貧困問題の発生を防止できなかった原因は何であろうかというと、経済離陸時点から、様々な制度欠陥が潜んでいたのである。欧州に付随して、アジア諸国は一九四〇年代から相次ぎ近代化の道を歩んできた。欧州近代化の経験を真似するアジア諸国は、自国の経済実情を無視した。技術的に後発利益を享受しようとして、経済の近代化をスタートした。なぜ欧州の近代化経験を活用できなかったかというと、基本的に産業構造が異なるからである。欧州は、日本とインドのような人口大国がなかったため、人口小国の経験はアジアに適用しないということもある。さらに言えば、同じ人口大国でもある日本とインドは異なる結果であった。つまり、日本はうまく貧困問題を解決したのに対して、インドは今日まで依然として貧困問題を解決できていない。なぜであろうか。アジア諸国には後発国（LDCs）が多い。そのため経済発展過程において、社会が急速に分化されて経済制度だけでは制御できないケースがあったからである。社会が二極化してしまう結果、社会不安などの社会問題を収拾できなくなることになる。加えてアジア諸国では、失業救済を目的とした社会福祉プログラムや社会安定装置と言われるSSNが整備されておらず、失業のまま貧困者になることである。しかし、なぜこの過程において、とくに貧困問題が起き続けたかというと、政府の規制と関連している。一般に、経済発展は市場に任せる資本主義制度を制御するために、政府は規制を強化している。残念なことに統制社会が強かったアジア諸国では、行き過ぎた過剰規制を課した結果、市場機能が失われ、経済活動が自由に展開できなくなっている。規模経済の効果が一時的に留まっており、徐々に委縮してしまった。自由放任と規制の関係をいかに調整できるかに、アジア諸国は留意すべきである。もちろん、資本主義制度自体は富裕階級に有利であることを否定できない。また、アジアの貧困層は工業化の恩恵を受けていなかったことも事実である。多くのアジア諸国で経済成長の牽引役となったのは、欧州のような工業生産性の急上昇ではなく、国際貿易（輸出）の急成長である。国際貿易の発展は一国の経済構造、とくに産業構造に大きな影響をもたらす。農産物（一次農産物）の輸出は工業化に必要な技術を導入することができる一方、それによる工業生産性の上昇が可能になる。だが、その工業余剰が農村に波及するかが問題の鍵となる。農業生産性はが上昇しない限り、農民の所得水準はアップせず、依然貧困のままになる。アジア的「農村貧困化した工業化」は、貧困層の厚生増進に役に立たないことは証明されていた[10]。

貿易主導型経済発展は、工業製品あるいは贅沢品（奢侈財）の導入に繋がることは間違いない。しかし、それらの財を購入できるのは、先に豊かになったわずかな一部の人に留まっている。貧しい人々は消費能力がなく、貧困のままなのである。労働過剰で、貧しいアジア諸国で、なぜ貧困問題を解決できなかったのか。もちろん、旧植民地時代から残された単一モノカルチャーの経済構造が産業構造の転換に阻害要因となっていたことが挙げられる。

技術進歩と技術開発といった直接生産性の上昇に欠かせないコストを省くことによって、いわゆる後発利益を受けながら経済成長を遂げることができる。ただし、国民所得が低水準にあったアジア諸国は、果たしてそれを受けいれられるか否かが問題となる。少なくとも工業余剰の利用は欧州とは異なり、技術進歩と直接関連していない。そこで、経済構造と産業構造の転換が必要になってくる。詳細は次章で論じたい(11)。

注

(1) アジア太平洋地域では一九六〇年代以来高度成長を遂げつつ、依然5億人以上が絶対的貧困状態に置かれている。さらに、一九九〇年代以降高度成長が続く中国、インドでも各々2・42億人、8・1億人が

1日2ドル以下で暮らす貧困層に置かれている。高成長が続く一方で、なお多くの人々が貧困に喘ぐというこれらの国の実態は、改めて経済成長と貧困削減の関係という、古く新しい問題を想起させる。このような貧困問題に対するこれまでの対応は、次のようにまとめることができる。一九九〇年代では、マクロ的に経済成長率を高めるだけでは、必ずしも貧困層を救うことにはなっていないという認識に基づき、特定の貧困層、貧困地域を対象として、よりミクロ的に援助をしていた。二〇〇〇年代前半までにかけて、所謂 pro poor か pro growth かという二者択一的な対立する考えがあり、貧困対策は混迷状態であった。しかし二〇一〇年以来　どういった成長のペースおよびパターン、どういった所得分配状態を前提にした成長が貧困削減に繋がるかが問題とされ、貧困削減に資する成長パターンとは何かを考えることが重要であると認識されるようになった。さらにまた、所得分配がどうなるか、分配が公正なものとなるかどうかが現実問題として初めて重視された。マクロ的な経済援助よりミクロ的な経済支援に重点をおくという経済学的考え方としては、効率的な市場経済を通じて資源の最適配分や経済成長がなされ、貧困削減に繋がる。

（2）一般に、経済は体制移行・転換に伴い低雇用問題が発生する。現在、アジア諸国では「働く貧困層」(working poor)、失業（unemployment）、さらに偽装失業（disguised unemployment）が存在している。さらに、労働力人口規模が巨大で、雇用機会が絶対的に不足しているため低雇用問題がずっと抱えている。それが、すべて一九六〇年代以来流行した体制移行の結果とは言い難い。

（3）一般に、開発経済学で取り上げた貧困、あるいは「貧困の罠」（poverty trap）とは、マルサス人口論の文脈で、人口成長を長期的に維持するためには発展に対する刺激が臨界的な最小限度の大きさであることを意味する。経済振興以前のアジア諸国の経済は、低開発状態であった。なおかつ小農経済と混同した国民経済は低水準であった。社会は一定の安定性を持っていたのである。また、いわゆる貧困の悪循環（cycle of poverty、貧困の負の連鎖）とは、一度入ってしまうと外部からの介入がない限り継続する貧困の要因・事象のことである。貧しい家族は、少なくとも3世代以上の貧困状態の罠に陥るということは、経済学理論上実証されている。要するに、3世代以上時間が経つと、知的・社会的・文化資本などの資源が「枯渇」してしまう。とくに資本主義のような猛烈な競争社会では、不利な状況に置かれている。通常「ディスアドバンテージ」悪循環ともいう。つまり、貧困に喘ぐ人々は、その貧困の結果によりディスアドバンテージが発生するため、貧困が更に貧困を引き起こすということである。開発経済学では「開発の罠（development）」ともいう。実際、両者はほぼ同義である。一九六〇年代、アジア諸国は経済発展を遂げ、殆どの国は「貧困の罠」から解放されつつあり、同時に新たな中所得の罠や「富裕の連鎖」に陥っている。「貧困の連鎖」からの脱却は、いまも問題となっている。

（4）開発経済学における開発問題全般へのアプローチは、年代に従い次のようにまとめることができる。一九四〇―六〇年代では構造主義に代表される初期の開発主義が主流であった。構造主義の主張は、政府主導の下、資本蓄積と輸入代替を進めることによって均衡成長を実現させることにより、初めて途上国は貧困から脱出できるという。それから一九六〇―八〇年代では、新古典派は構造主義を否定しつつ、政府の関与を少なくし、「市場化・自由化」と「輸出志向」によって経済発展させることを強調していた。さらに一九八〇年代以降、新開発主義が流行し、政府主導ではなく、市場機能を補完するような形での政府関与と、完全に新古典派を否定する。つまり、単なる経済発展だけでは、貧困削減を図る上でも効果的でない。これこそ貧困問題を解決する鍵であることが強調された。いわゆる所得分配という、政府介入しやすい点を強調している。残念ながら、途上国ではそもそも政府機能は常に不完全状態にあるから、政策効果そのものに対し疑う余地があると思われる。

（5）開発経済学では「開発の罠」という言い方がある。いわゆる「開発の罠」とは、ある国が、与えられた資源やアドバンテージによって決まってくる所得水準に留まり、それ以上は上昇できない状況を指す。もし人口に比べて「不労所得」が小さければ、その国は「貧困の罠」（低所得の罠）に陥るであろう。逆に、人口に比べて天然資源や外国マネーの流入が多ければ、その国民は何の努力もせず高所得を享受することができる。そして、その国の資源賦存やアドバンテージの状況が普通程度ならば、その国は中所得の罠に陥ることになる。また開発経済学では、「中等収入の罠」という概念が使われている。「中等収入の罠」への回避は、「貧困の罠」から脱却し、低所得層の所得を増やし、内需成長を促すという内需主導型の経済成長は理想である。それと同時に、産業構造がアップグレードしなければならない。

（6）貧困とは、収入が生活に必要な最低限の物を購入することができる最低限の収入水準にあり、娯楽や嗜好品に振り分けられる収入が殆どない状況である。

国際的な貧困基準では、絶対的貧困は1日1・25ドル以下と規定される。この基準でみると、アジア太平洋地域では6・6億人（二〇一一年）が絶対的貧困状態に置かれている。また通常の貧困は、1日2ドル以下を指している。それにも、アジア太平洋地域では15・3億人（二〇一一年、アジア全人口の約44％）が当たる。中国では通常貧困人口2・4億人を有しながら高度成長が続き、貧困人口は確実に減少している。インドの通常貧困人口は8・1億人、絶対的貧困人口は総人口の33％、通常貧困人口はなお総人口の七割近くに及ぶ。中国やインドのケースは、改めて経済成長と貧困削減の関係について考えさせられる。

なお、いわゆる国連ミレニアム開発目標（MDG：UN Millennium Declaration Goals）とは、二〇一五年までに世界の貧困層を一九九〇年比で半減させるために、一連の社会経済開発目標とその達成期間を設定し、これを達成するというものである。一般的には「ミレニアム開発目標（Millennium Declaration Goals）」ともいう。

（7）貧困に関して、社会的・経済的・歴史的側面から捉えることができる。貧困は、時代や社会によりそのあらわれ方は大きく異なる。現代資本主義社会における社会問題としての貧困は、資本主義そのものの所産である。また貧困の原因は、怠惰、無知などの個人的責任や天変地異その他にあるとされていた。だが、資本主義の進展とともに、むしろ社会そのものにあると考えられるようになった。労働力以外に生産手段をもたない労働者階級が成熟するなかで、極貧の過剰人口が累積し、膨大な沈殿層を形成していく。こうした貧困者は生活が非常に低位にあり、必然的に肉体的・精神的荒廃をもたらし、社会的に見放され、制度的に遠ざけられ、隠蔽される（『世界大百科事典』より引用）。

（8）すなわち、国が豊かであればあるほど農業従事者の労働力に占める割合が低いという。工業化につれて労働が農業から工業へ移動した。農業に留まっている労働力が生産性の向上により全人口を食べさせるに足りる食糧を生産したか、さもなければ工業生産の一部が食糧輸入と引き換えに輸出されたわけである。

（9）農業生産性および農業の役割について、次のような論述がある。労働集約的技術進歩が発生すると、労働の限界生産物が増え、労働力が農業から工業へ移転することにより土地、労働比率が上昇するというメカニズムである。そしてこうした「努力」（いわゆる農業開発）が持続すればするほど貧困層の厚生の改善貢献が大きくなる。農業所得の増加に伴って全価格を引き下げ、工業規模の拡張にも貢献する（ここでは農業技術進歩は重要である）。アジア諸国は農業生産性の上昇が工業生産性の上昇より遅く、結果としてなかなか貧困層の厚生改善ができない。なぜならば、アジア諸国では人口規模が大きく、一人当たりの耕地面積が小さく、単純に土地生産性を上昇させるのは困難だからである。土地の限界生産性は、常にぎりぎり上昇したにもかかわらず人口圧力を受けている。資金の集中投下や基礎教育の改善なども考えられる。そして、国民経済から教育投資が増えるべきである。

アジア諸国の農業構造に関して、植民地時代の地主制度が土地生産性の上昇を阻害していることは否定できない。農業の公共投資と民間投資が増加することにより、農民が土地から解放されることになる。農業生産性の成長を制約したのは、教育である。アジア諸国の農業人口は着実に減っているとはいえ、人口成長のため農業が吸収しなければならない労働量はすでに限界に達しつつある。工業の労働力吸収力が弱くて、結果として余剰労働力人口の解消はうまくできなかった。工業化が進んだ一方、貧困の撲滅という目的は達成できなかった。国際貿易は、主に農産物の輸出である。農業労働力が工業に移動し、賃金が上昇する。貿易の拡大が、工業生産性の上昇に繋がるかは国によって異なる。しかしアジア諸国では、資金不足という経済発展のネック問題により、一連の解決し難い政策課題に対して、むしろそれら国々の経済実情と合うような経済構造こそが問題のが所在であることを記したい。

(10) 持続的経済成長により貧困削減に繋がることは間違いないものの、貿易主導型経済成長に関してはいくつか課題がある。貿易は工業生産性の上昇に貢献し、後発利益を受けることで高成長を遂げた。「東アジアの奇跡」も「漢江の奇跡」もそうである。しかし技術者のプールや金融市場の未発達、そして、ネックはアジア諸国の「規制制度」であった。経済の市場化・グローバル化が要求されるため、政策が必要である。アジア諸国は、自国の民族資本と外国資本の間で迷う。その結果、急速かつ持続的な成長を生み出すことができなかった。つまり、援助プロジェクトの貧困削減要素がプロジェクトの効率性に与える影響、所得分配の状態が経済成長に与える影響等の検討を進めていく必要がある。

（11）工業余剰があっても貧困層（農業従事者およびサービス業従事者にはまわって来ない。残念ながら、サービス業が低賃金、不安定雇用であるが故に、再び「貧困の罠」に陥ってしまう。農業では技術効率、労働集約的技術進歩、土地労働比率に依拠するから、土地・労働比率が上昇するしか道がない。つまり、農業生産性の上昇に対して、農業生産性の上昇はかなり遅れていたためである。これこそが貧困層の厚生を改善できる。ただし労働比率の上昇は、労働力が「土地」から「排除」されるようになるから、社会問題になることに注意しなければならない。「低所得の罠」について、貧困層は低所得なのでそれほど消費需要を期待できない。通常、所得再配分によって調整する。しかし、閉鎖経済においては工業進歩が貧困層にわずかな恩恵しか与えなかった。

第13章

経済構造の転換と貧困緩和の促進

はじめに

本章では、二重経済構造下の労働力移動をキーワードとして念頭におきながら、経済構造転換に伴った貧困現象を発生するメカニズムを分析しておこう。貧困緩和を論じる際、二重経済理論を抜きにしては語れない。そこで、まず経済構造および経済構造の転換について明示していきたい。アジア諸国の経済発展と、農工間の労働力資源の配置転換の対応を説明するキーワードとして、経済構造そのものに欠陥があると考えられるからである。

1. 経済構造の転換による「経済学的罠」の克服

経済成長と貧困削減の関係については、これまでに経済成長が貧困緩和に繋がることがわかってきた。しかし、マクロ的な経済成長を追求することで貧困の撲滅を目指すという認識で、ミクロ的経済援助を軽視してきた結果、今日もアジア諸国の至るところで貧困が蔓延している。一向に減少する傾向が見られず、むしろ増加していると見受けられる。

いうまでもなく、経済発展は貧困問題を解決するための有効なアプローチである。しかしながら、「貧困緩和の鍵は、労働を、農業から他の収穫逓減法則が働かない生産活動に移転することである」ということは、経済構造と産業構造の転換が必要となってくる。そのため、アジア諸国は常にそのような転換過程に置かれている。それにセットにして政策転換が求められている。

確かに、貧困を緩和するために、アジア諸国は経済成長という手段を選んだわけである。経済成長あるいは経済のパフォーマンスによって国民全体の厚生水準を上昇させることによって貧困緩和を目指してきた。しかし、経済成長ないし経済発展は一国の初期条件に依存するわけではないが、多かれ少なかれ一つのプロセス（過程）であり、その過程において経済成長を支える市場制度が未整備であれば、新たな貧困が生まれる可能性がある。例えば、所得分配の不平等化がその一例である。つまり、アジア諸国は欧州の工業化方法を選別なく鵜呑みにした結果、後発利益を享受するどころか、その負の遺産も引き受けることになってしまった。アジア諸国は、「東アジアの奇跡」のような、世界から称賛された高度成長を遂げたにもかかわらず、貧困人口が依然、増え続けている(1)。

アジアでは常に経済構造が転換している。工業化以前に、周知の通り、地主制度と小作労働を中心としたアジア諸国の農業構造は、農業生産性の上昇を阻害している。農業経済は単一的であり、多角化経営への変革が必要である。アジア諸国は、工業化で必要とする工業労働人口が少なかったため、加えて工業製品に対する需要が小規模で景気循環に必要な消費量に届かず、規模経済は形成されなかったのである。また、アジア諸国の雇用形態は基本的に農業雇用であった。それがアジアの近代化を阻害している。農業従事者が工業労働力へ転換するのに必要な教育普及に力を入れるのは、第一歩である。

一般に、工業化が進むにつれて工業部門は成長し、工業生産性の上昇は農業生産性よりはるかに速く、その結果、農業所得の上昇が遅れてることになる。この場合、政府の介入が必要で、政府援助という形にするか、それとも税を調整することにより農産品価格を引き上げる。

農業所得を高めることにより、農業従事者が工業製品の消費能力を上昇させることになる。

歴史を振り返ると、アジア諸国は小農社会から脱却して以来、貧困をなくすために不断の経済開発を行ってきた。食糧を確保するために「緑の革命」を起こして、食糧問題を解決しつつ、農業生産性が向上し、次第に食糧生産高が上昇していった。その一方で、農業従事者が土地から排除され、都市部に移動したものの職を得られなかったため貧困者になるケースも少なくなかった。そして、このような農業開発がアジアにもたらした影響は今日まで続いている。アジア的経済成長は農業資源依存型経済成長であり、技術進歩による経済成長では雇用と結びつかなかったことが、根本的な原因である。

一方で、アジア諸国は二重構造を持っている。つまり、工業に比べて農業生産性が低いため農業所得が低く、農業労働者が絶えずに都市へと移動する。しかし一九六〇年代以降、急速な工業化が進んだとはいえ、工業規模の拡大は停止状態で、作り出された雇用機会が少なかったため、加えて都市部では経済のサービス化が遅れていたため、都市に集中した労働力の就業率は低かった。農村からの過剰労働力は、都市あるいは工業に定着できず、都市部のインフォーマル部門に滞在するか、あるいは都市のサービス部門に入る。しかし、都市のサービス部門が未発達なので、提供できる就業機会が少なく、結果として貧困者になったケースが多かった(2)。

アジア諸国は欧州と比べて、経済の近代化がかなり遅れている。そのため、アジア諸国では欧州からの後発利益を手に入れることが可能になり、自らの近代化の道を実践してきた。しかし近代化の過程において、欧州の経済近代化の負の遺産をも継承してしまったわけである。例えば、クズネッツ仮説が描写したような所得分配の不平等が起こった。欧州では経済離陸後、工業余剰がうまく農業に配分され、農業生産性が短期間で飛躍的に成長することによって国民所得が一気に上昇し、農工間所得格差が解消され、近代化を遂げることができた。残念ながらアジア諸国の多くは、いわゆる「中所得国の罠」に陥ってしまった。経済離陸後、または急速な経済成長にもかかわらず、経済が中所得国のレベルで停滞し、先進国（高所得国）になかなか入れない状況が続いていた。過剰人口で豊富な低賃金の労働力を有し、それを活用し、経済成長させ、中所得国の仲間入りに成功した台湾・韓国のような国がある一方、多くのアジア諸国は経済成長につれて労働力コストが上昇し、先進国との生産性格差が解消できず経済が停滞している。とくに一九九〇年代以降、「雇用なき成長」現象が見られるようになっている。そこで、アジア諸国は資源型経済成長から脱却し、イノベーション的経済成長を目指すべきである。欧州を鵜呑みにしなければならないというのでは、貧困は緩和されない。とすれば、アジア諸国はいちはやく自国の特徴に適用する、経済発展できる独自の道を探さなければならない。経済停滞、または「貧困の罠」「中所得国の罠」の況縛から解き放たれるために、労働過剰で貧困に喘ぐアジア諸国の喫緊の課題といえる。

一般に中所得国とは、一人当たりの国内総生産（GDP）が3千ドルから1万ドル程度の国を意味する。現実に、低所得国から中所得国になることができた国は多いものの、一方で高所得国の水準に達する国は少ない。「中所得国の罠」を回避するには、中所得国において、規模の経済を実現すると共に産業構造の高度化が必要である。

ヌルクセの「貧困の悪循環」論は、「供給制約下における途上国の構造的な発展制約メカニズム」を解明した。つまり、途上国は資本が不足しているから、貧困は需要・供給の両面で生じている。消費制約で資本形成できず、実質所得は低水準に留まる。これはケインズが主張した「有効需要不足」とは異なる。確かに、アジア諸国では市場メカニズムは十分に機能しない。そこで、アダム・スミスが主張している「分業は大きさによって制約される」という命題からアジア諸国の貧困問題を解釈するのは妥当ではないであろう。しかし構造主義のアプローチが、「市場の失敗」を前提として、市場に対してどこまで信頼できるかが問題となる。そして、「中所得国の罠」を代表とする「経済学的罠」は、公正な所得分配はできない、という前提で議論が進んでいる。(3)

2. 非正規雇用と規制の経済学

貧困者こそ労働をし、労働成果を得ることによって厚生水準がアップする。しかし、かつて日本の労働者は真面目に労働して、つまり働けば生活が豊かになると信じていた。しかし、現実とは全く違う。社会が求めるのは「豊かな人間」ではなく「労働力」、しかも純粋な労働力である。一九九〇年代以来、新自由主義の流行で市場原理は至るところにまで浸透してしまった。労働市場においては、これまでの、日本型経営の原点でもある終身雇用・年功序列制度は崩壊してしまった。正規労働が非正規労働に代替され、これまでの定型労働を非正規労働に任せた結果、所得格差は一気に拡大した。こうした非正規労働の登場は、日本社会の貧困の原因でもある(4)。労働市場が非正規化されてしてしまったため、低賃金による失業者が増え続けることになる。労働市場が正規労働から非正規労働へと切り替わることは、単純に労働力コストパフォーマンスと企業側の短期行動であるかのように見える。だが、重要なのは、このような行動を取った企業が利益を出すと同時に、本来企業側が負担すべき従業員の生活を維持するという責任を社会に転嫁してしまったことである。社会保障制度もしくは失業救済制度といったソーシャルセーフティネット（SSN）が未整備のまま、労働市場の非正規労働化は貧困者の増加を引き起こした。SSNは、失業者にとって最後の砦にもならず、社会全体が貧困化されてしまったからである。これは、生産過剰供給時代に、デフレ経済を克服できなかった結果ともいえる。

いうまでもなく、貿易、とくに国際貿易は、規模経済の拡大や工業生産性を引き上げ、貧困緩和にも寄与できる。例えば、後発利益を受けながら「東アジアの奇跡」や「漢江の奇跡」を遂げたタイ、韓国は、その成功例である。国際貿易を通じて、アジア諸国が比較優位性をもつ労働集約型産業の発展に成功し、大量の雇用機会が作り出された。そして良質な労働力と結合して大量生産体制ができた。これは、工業生産性上昇にとって、必要最小限の生産体制でもある。しかし一九九〇年代以来、経済の金融化が進んで、金融市場の未健全や政府の規制はアジア諸国の経済発展を阻害している。経済の市場化・グローバル化により諸制度上の欠陥がさらされてしまった。アジア諸国の経済近代化は、常に本国の民族資本優先と外国資本導入の間を徘徊している。両者が混沌としている結果、資本効率が低下した。高度経済成長は持続できず、経済のグローバル化に伴い政策転換が迫られるようになってきた。つまり、経済の多角化により、新たな経済活動を導入しなければならなくなってきたのである。韓国・台湾・マレーシア・インドネシアは、経済転換における貧困問題を解決した成功のおかげで、貿易が成長のエンジンとしての役割を果たした。ほかのアジア諸国は決してこのようなプロセスを真似できない。なぜならば、経済実情が違うからである。

経済の市場化は、市場制度に基づき、競争と規制の間で均衡成長がとれることである。その成功は、市場活動を自由に展開できる制度を作り出せるかが関わってくる。政府は、様々な規制を設けて自国の資本や技術を保護する。とくにアジア諸国では、政官癒着社会故に資源配分権にレント（役得）が付随し、いわゆる縁故問題を引き起こす[5]。当然、このような資源配分は経済的合理性をもっていない。政治または政府が経済を左右する機会となってしまった。このような経済環境で、雇用の増大、公正な所得分配、あるいはベーシック・ニーズ（Basic Needs: BN）の充足という、国連の開発戦略はなかなか実現できない。むしろ開発の原点である、人的資本への投資をこれからは重視すべきであろう。貧しい国は貧しいゆえに貧しいという「貧困の悪循環」を遮断することは、単に経済開発手段だけでは難しい。人口ボーナスの恩恵で経済成長を遂げたアジア諸国は、二〇一〇年以来少子高齢社会に突入し、人口ボーナスは人口オーナス（重荷）に変容している[6]。要するに、アジア諸国の多くは質を伴わない成長から脱却しなければ、人口ボーナスがすでに終了しつつある経済成長が崩れていくのであろう。天然資源・人口優勢を武器に、アジア諸国が急速に高度成長したことはいうまでもない。しかし、生産、あるいは資本効率が低く現代工業に必要な産業基盤を構築できなかったため、成長の分かち合いができた幸福な時代が終焉しつつあり、今後、工業も農業も改革しなければならない。迅速な産業政策の転換が求められている。むしろ今こそ、アジア諸国は開発・成長の岐路に立たされているといえるであろう。

3. 農工間労働力資源の配置転換による貧困緩和の効果

人口移動は一般に、人口密度の格差によって表される。また、労働移動を引き起こす潜在的要因は、経済発展に帰結することができる。人口移動ないし労働移動の実現は、交通手段の開発による。東南アジアがヨーロッパへの第一次産品の供給地として発展していき、都市部の就業機会が大幅に拡大していたため、多くの農村余剰労働力が都市部に移動した。

生産要素を労働と資本にわけるとすれば、そのなかの労働要素は、経済学では生産に向けられる人間の努力ないし活動を意味する。しかし近代経済学において、資本は土地や労働と並ぶ生産三要素のひとつであり、資本の役割を強調されるようになっている。

労働力の移動は、常に市場経済移行国において研究の中心にあった。それは、労働力移動がそれらの国の経済発展過程において必ずしも発生する現象ではないものの、労働力移動による都市化現象、所得格差の拡大などが問題となるからである。労働力移動に関するメカニズムの解明が、経済発展ないし経済成長に欠かせないからである。

産業構造がシフトすると同時に、大規模な労働力移動が発生する。経済発展の離陸期では第1次産業から第2次産業への移動が多く見られる。このような移動は、緩やかな場合もあれば、労働市場が未整備のままスタートした場合、一気に都市へ移動することもある。その結果、農業人口が次第に減少していき、農村社会の解体を伴う。経済成長期または高度成長期では、労働力が第1次産業から第2次産業に急速に移動する。農業人口が急激に減少すると同時に、経済のサービス化が進み、第2次産業の労働力人口が第3次産業へと移動が始まる。さらに経済成長安定期に入ると、産業間における労働力の移動が非常に緩慢となり、しばしば「還流現象」（帰農）が発生する。要するに、経済成長とともに第1次産業は低下し、第2次産業は弱まっていく。そして、第3次産業は第2次産業を上回る勢いで上昇する。

経済成長を支える一つの基盤は、労働成長にある。労働の成長パターンは、国によって異なる。因みに、労働の成長パターンを示す指標として、労働力成長率がよく使われる。労働力成長率が高ければ高いほど経済成長に有利である。しかし、労働の成長パターンは、通常であれば人口成長パターンと15―20年のズレがある。その間の生産要素の配置は、産業生産の重要な課題となる。さらにいえば、労働力の産業別構成は相対順位が不変であって、必ずしもクラーク経験法則のように、経済発展につれて第1次産業の割合が低下し、第2次産業の割合と第3次産業の占める割合が上昇するとは限らない。

労働需要は派生需要であり、主に生産需要の影響を受けており、しかも不確定要素の増加や生産活動の複雑化に伴い、生産需要と労働需要との間のタイムラグは従来より遅れている。供給側である労働力の再生産は止まることなく、時々は雇用増加速度よりも速いから、雇用問題はますます難しくなる。とくに低成長経済状況においては、経済の急速拡大期に比べて失業率が上昇しやすくなっているから、生産拡大により生じた労働需要は相殺されてしまう可能性がある。

所得水準と労働力移動に関しては、それらが低い農村から都市へと移動する「所得機会説」に帰結できる。所得格差は、人々を工業部門に向けて移動させる重要なインセンティブとなっているのである。しかし、政策介入（農業保護、補助金制度など）によって農村の所得水準が上昇し、農村都市間の所得格差が縮小することになる。このような所得機会説のほかに、生産性格差、就業機会説がある。発展途上国の所得格差は過剰労働力の存在が原因であると指摘されるため、いかに過剰労働力を吸収するかが、これらの国々が近代化社会になるための鍵となろう。

農村労働力は流動性が高く、自然環境の影響を受けやすいため、農業生産は常に不安定状態である。社会の変動や工業生産の変化の影響を強く受け、所得機会・就業機会という工業部門の魅力により、近代社会になってからは農工間の労働力移動が頻繁となった。もちろん、近代社会の交通発達がその移動を可能にしている。

工業生産が発達になるほど農村労働力流動が加速するのは一般的である。しかし、農業労働者の流動が必ずしも工業生産と一致するとは限らない。このような流動の速度は移動費用・ルートにもよる。貧困状態に喘ぐ農民にとって、移動費用は決して無視できるようなものではない。

人的資本理論からみると、農業労働力の流動は労働力資源の活用であるから、経済成長を促進する。しかし、労働市場では柔軟性をもつことが条件であるから、このような産業間における流動を調整できる労働市場が求められる。

二〇〇〇年以来、アジアの労働力移動では構造的変化が見られるようになっている。これは、労働市場理論からすれば、農業構造と非農業構造の変化によるものだと考えられる。つまり、農業部門の労働需給構造は、次第に労働過剰から労働不足に変わりつつあり、需給構造が多様化しているのである。労働需給は非均衡状態ではあるが、供給から圧力が一段緩和された。これに関して出生率の低下は大きな要因となっている。

アジア諸国の多くは依然、経済の発展途上であり、発展途上国における過剰都市化の問題に頭を悩ませている。[7] 中国ないしアジア諸国では、「工業化なき都市化」が格差拡大に繋がっている。都市化過程において悪循環に陥っているといえる。なぜかといえば、アジア諸国では、農業部門からの余剰労働力がスムーズに工業部門に移動できない原因は、単に工業部門の吸収力が弱いだけではなく、制度要素が労働力移動の阻害要因となっている。実際は制度要素と絡んでいて、混合状態になっている。本来の経済学上の参入障壁とは違ったところがある。いうまでもなく、労働市場の分割状態では、トダローモデルも予想できなかったケースが生じている。都市部における失業問題が非常に深刻ということは、トダローモデルでは予想しなかったことである。

また、アジア諸国の工業化過程において、工業部門がどのような労働力が必要であるかを検討しなければならない。単なる外資プラス低賃金労働者との結合ではキャッチアップ工業化の道のりになるかどうか、疑問である。必要とする工業労働力は一体どのようなものであろうか。アジア固有の二重構造に見合う労働力における産業間の移動は、必ずしも農工間の移動とは限らない。このような農工間の資源再配置は失敗だったかもしれない。

農工間における労働力資源の配置転換は、どのようなプロセスで行われていたのか。実際は、農村から都市へというプロセスになる。移動規模は大きかったものの、移動先は殆ど都市部の非正規労働部門であった。正規労働部門に移動できなかった原因は、工業部門の吸収力が弱く、それから、資本集約型の工業化である。工業部門自身も問題となり、例えば、賃金の硬直性であり、労働コストの上昇による労働力移動も阻害要因となっている。これに加えて、労働需給構造のアンバランス状態が続き、労働供給の過剰状態にあったこと。さらに、都市部におけるインフォーマル部門の未発達により、余剰労働力の移動先がなくなり、都市部の失業者になる。社会保障が未整備のアジア諸国では、このような失業者の殆どはそのまま貧困者になるケースが殆どである。未だ解決していない問題となっている。

アジア諸国は、労働移動に起因する悪循環に陥っている。ここでいう悪循環とは、そもそも所得が低いので、教育水準が制限され労働力の素質が低い。結局、生産過程において低生産性を招くという悪循環である。

グローバル化による労働力の流動を促進したことは否定できない。単純に、個別産業には効果があるものの、市場の特性を重視しながら市場の一体化との流動は程遠いものであった。

そこで、アジア諸国における農村工業化に対して再評価すべきである。農村において非農業を講じ、一種の実験とも言われ、農村に新たな問題をもたらした。現実には殆ど失敗に終わったが、教訓としなければならない。農村工業化では農村に立地しているから、労働力は移動しなくても工業従業員になることができるというメリットがあるものの、農村に立地した工業は比較優位という経済原理からすれば、決して合理的ではない。少なくとも金融サービスや情報といった面で、現代企業に欠かせない部分が現段階では農村では揃っていない。結局、自然資源の浪費になり、余剰労働力が再び移動せざるを得ない状態になるのことは明白である。生産要素の移動は、単に労働要素移動ではなく、資本要素、さらに技術部分では移転がさらに複雑になるため、検討の余地がある。また、経済体制にも関連していることから、市場経済への影響は大きい。

注

（1）経済成長は、産業の近代化と合理化を伴う。したがって、経済成長がそのまま雇用の増大に結びつくわけでなく、ときには大量の失業者を生み出すことすらある。これらの失業者は、SSN が未整備の状態に置かれると、失業者のまま貧困者になるケースはよくある。

（2）一般に伝統的な考え方として、アジア諸国の経済発展を妨げている主たる要因は、道路や発電所等のインフラが整備されていないことであり、援助でこうしたインフラを整備することにより、途上国の経済成長率を高めることができ、それが結局、アジア諸国の人々の生活水準を改善し、貧困問題を解決することに繋がるというものである。端的に言えば、経済成長は貧困削減にプラスの効果があり、経済成長を伴わない所得の再分配だけでは、貧困削減効果は期待できないという考え方である。また、いわゆるワシントン・コンセンサスの失敗と言っても過言ではない。民営化、規制緩和、貿易自由化という処方によりインフレ抑制や財政赤字のマクロ的な管理などを主たる政策課題に絞り、アジア諸国では効果が出ない。つまり、規制緩和の前提条件としての市場制度が、アジア諸国では整備されていなかった。

（3）しかし二〇〇〇年以降では、所得分配状態を前提にした経済成長がより貧困削減に繋がるという主張が開発経済学の主流となっている。例えば、OECD 開発援助委員会（DAC）は「貧困層の成長に参加貢献し、成長の果実を享受する能力を高める成長のペースとパターン」（pro poor growth「貧困削減志向、成長志向」）を主張している。しかし ADB の Strategy 2000 では「経済成長が貧困削減の推進力になってきたことは事実だが、貧困削減のためには、そのペースだけでなく、パターンも重要であることは明らか」と、「高い持続的成長がより多くの経済機会を創出するが、広範な人々、とくに貧困層がそうした機会・市場へアクセスできるようにするための、制度インフラ整備や教育投資等の政策が必要」と指摘している。

（4）現在日本は子どもの貧困が社会問題になっている。子育て世代全体の貧困化が原因にある。二〇一二年における日本の子どもの貧困率は16・3％（日本厚生労働省「平成25年国民生活基礎調査」）である。貧困率は相対的な指標である。可処分所得の大きさがちょうど真ん中の順位の世帯を中央値とし、その中央値の半分より所得が少ない世帯の割合を貧困率という。子どもの貧困率の上昇の根本的な要因は、非正規雇用などの低所得者層の拡大だと考えられる。しかも女性より男性の雇用問題だと考えられる。その対策は、雇用の保護を強めるのではなく、より自由な労働市場、あるいは失業なき労働移動が求められる。

（5）レント（権益）とは、経済の世界において展開されるはずの自由な市場競争を制限することで、多くの場合、商品やサービスの提供側（生産者）が追加的に獲得する権益のことである。レントは一般的には経済の非効率をもたらすので、社会には経済的停滞感が漂う。だが、開発主義を肯定的に見る説明ほどに自分の懐を豊かにする。加えて、アジア諸国の権威主義政権は、先制的な権力を持っていないともいえる。

（6）人口ボーナスとは、15―64歳までの生産年齢人口が、14までの年少者と65以上の老齢者の合計（従属人口）に比して多い状態である。

（7）過剰都市化問題の英語表記はOver-urbanizaである。肥大都市化、巨大都市化ともいう。

第14章 経済のグローバル化と貧困緩和のメカニズム

はじめに

市場経済においては、経済発展と所得格差との関係が非常に重要である。経済発展の初期段階では、所得格差が急速に拡大して、経済発展につれて所得格差が縮小しながら収斂していくというクズネッツ仮説がよく言われる。これはあくまでも長期的考え方であり、経済発展とともに、所得格差が自然に解消できるということである。しかしながら、これらの問題は国の経済体制によってそれぞれ対応が異なる。本章ではこのような問題意識に基づき、所得と所得格差の問題を、資本主義経済制度下という視点で触れてみたい。

1. 平等と所得格差

一般的に所得（income）とは経済活動に参加し、生産のために提供した労働・土地・資本などの生産要素の代価として受け取る報酬を意味している。個人所得では、雇用者所得を指す場合が多い。国全体では経済状況を把握するため、国民経済全体について集計して国民所得の数値が得られる。また、個人所得から所得税・社会保険料などの税負担を控除したものが、個人可処分所得である。個人可処分所得は、貯蓄や消費量を最終的に規定するところから、労働需要の予測のパラメータとしてよく使われる。雇用者所得（compensation of employees）は国民所得諸概念の一つであり通常、報酬の形で支給され、勤労者の生計の主要な収入源となる。

所得は市場経済において自然に発生する現象であり、生産・分配・消費・再生産過程というプロセスのなか、重要な媒介役割を果たしている。経済や社会の大きな構造変化の中で、所得は変化の幅が大きく、所得をいかに分配するのは問題となる。所得分配（あるいは再分配）がうまくいかない場合、格差問題が生じるわけである。しかし、所得は単に経済要素に規定されるのではなく、自然環境や社会的要素にも関連しているため、所得分配それ自体や仕組みは複雑になっている。普段、経済社会においてよく取り上げられるのは、地域格差や、正規労働と非正規労働との格差であり、その背景にある構造変化のメカニズムを理解することが第一歩である。

所得格差問題は複雑で、現代経済社会において利権や既得権など、体制に関わる要素が再分配に大きく影響している。

市場経済において、経済発展と所得格差の関係は非常に重要である。経済発展の初期段階では所得格差が急速に拡大し、経済発展につれて所得格差が縮小しながら収斂していくというクズネッツ仮説がよく言われる。これはあくまでも長期的な考え方であり、経済発展とともに、所得格差が自然に解消できるということである。しかしながら、これらの問題は国の経済体制によってそれぞれ対応が異なる。市場経済において分配するものは何であろうか。そして、政府の介入をどこまで容認するか違ってくるが、そもそも何を分配するのか、分配そのものは何であるかが問題となっている。政府はどこまで介入できるか、あるいは介入すべきでないかが問題となる。分配過程に問題があるとすれば、結果よりも機会の平等を求められるのはアメリカ的考え方である。分配ないし再分配において、配分制度設計や実施などが政府の役割だとすれば、政府の介入が強くなると、大きな政府になる。政府の財政を圧迫し、公務員と低賃金所得者との賃金格差がさらに広がって経済全体に悪影響を及ぼすおそれがある。財政が厳しくなると公務員の給与がさがって、賃金格差は縮まる。理想としては、適切な政府介入により小さな政府を志向することである。

また、資本主義市場経済では、所得格差や資産格差はつねに重要な政策課題となっている。なぜならば、資本主義が能力の個人差を求める一方、効率性至上主義に加えて、利潤原理の働きで所得が個人の能力に応じて分配されるからである。また資本主義は私有財産権を認めるから、未健全な資産相続税制度などによって資産格差が生じる。

資本主義社会において、所得格差はいつも関心事であり、資本主義市場経済の運営上の技術問題として対処される。しかし一九九〇年代以来、資産格差より所得格差へ問題・関心が集まるようになっている。なぜならば、所得格差に由来する社会構造の急変が政策策定に追いつかなくなっているからである。これまで軽視されてきた雇用の社会性のツケが社会に回ってきてしてしまった。そのため、社会や経済の大きな構造変化のなかで、これらの問題が顕著化しやすくなる。また、一九九〇年代以来、地域という概念の広がりは地域格差を起こし得ることになる。ここで、労働要素の流動性からの影響は非常に大きい。例えば、世界経済ないしアジア経済では都市への経済集中という動きがあり、都市部再開発の動きが活発化になった。それに伴って地域格差が広がったわけである。これはむろん、一九六〇年代盛んに行われた農工間の要素移動の継続と考えればよい。しかし、当時より労働市場が整備され、限界生産性に基づく賃金水準が高くなったものの、労働所得の差別化が進んでいるといえる。

2. 生産工程のグローバル化と雇用喪失

雇用の供給側からみると、経済成長期において大規模な社会インフラ整備を行うため、公共事業投資が大きな雇用機会を作り出した。経済安定期ないし景気低迷期では雇用形態が多様化し、雇用格差に起因する所得格差が拡大される。雇用の非正規化は、その一例であり、失業対策として、雇用緩和に対し一時的効果がある。長期的には企業の生産拡大意欲が損なわれるから、雇用創出にマイナス効果となりうる。とくに若年雇用の緊急対策は、労働市場の規制緩和が労働意欲を低下するおそれがある。雇用と景気回復の関係からみても、生産拡大による景気回復は労働要素に欠かせないが、あくまでも経済成長による労働需要が雇用回復に繋がる。そのため、イノベーションないし技術革新を伴う経済成長が求められ、それに付随した雇用増であれば所得格差問題解決にリンクし、社会進歩に貢献できる。

所得格差と景気回復・規制の関係については、生産周期に基づいた景気拡大の恩恵が所得再分配に反映するのには時間がかかる。

所得格差の拡大は世界的な問題で、先進国だけではなくアジア諸国においても構造的な問題となっている。欧州先進諸国は産業革命以降、経済の同質化が進んでおり、クズネッツ仮説の通り、所得格差が拡大してから縮小した。しかし、一九七〇年代から格差拡大の傾向が見られるようになった。その主な原因は、失業問題によるものとされている。原因の一つは、技術革新によって未熟練労働の所得機会が減少しているためである。先進国の国内低賃金労働の雇用機会が発展途上国へと移転し、先進国国内では雇用喪失により所得格差が拡大した。そして、グローバル化の中での貿易拡大や労働のアウトソーシングによって、低賃金国の労働に置き換わったことが先進国国内の所得格差を拡大させただけではなく、発展途上国と先進国間の格差も広げた。技術が所得格差の源泉であるとすれば、先進国が技術開発に専念するという新たな国際分業が主たる要因になる。

しかし、アジア諸国の所得格差の問題は、先進国よりも深刻である。アジア諸国の多くの国で、急速な資本主義経済の導入が所得格差を拡大させ、それが社会的な不安定をもたらすということは、先進国の経済発展の歴史と同様である。問題となるのは、アジア諸国では経済制度が転換している過程で急速に社会構造が変わったことである。所得分配という仕組みには制度要素が含まれており、時にはそうした要素が働き、格差の拡大に強く作用している。

本来であれば、資本主義あるいは市場経済制度の導入は生産性の向上のためにある。資本主義を導入したと同時に、資本主義制度の欠陥である競争原理による分配の不平等性が、再分配による是正措置とセットで導入されなければならない。例えば、所得配分を平等に行うための累進課税制度が富裕層の富が削減する効果があるが、そうした所得再分配の仕組みを作り出す基礎となる、健全な財政運営が必要となっている。しかしアジア諸国は、このような財政システムが殆ど整っていないのが現状である。

格差の拡大による雇用不安はどのようにして解消できるのか。参考にできる国の経験はなく、先進国では所得再分配を通じて資本主義経済固有の格差による社会不安の払拭を試みた。それを支えたのは、高度成長による財政状況の健全性であったことは、貧困状況から脱出したばかりのアジア諸国の事情とは全く違う。所得再分配の仕組みが持続的な高度成長は、失業保険せよ教育医療せよ、政府の関与によるので、市場要素を排除できないと思われる。市場とは、要素流動性を満たさなければならないのが原則であるから、単純に社会安定化装置として利用されるのには限界がある。最適所得の再配分ができるような社会システムの形成には、時間が掛かりそうである。

所得格差の問題は、先進国の構造的な問題として捉えられてきた。そして、所得格差に大きい影響を与えている雇用格差に触れながら論じられてきた。しかし、所得そのものは報酬ということであり、一種の結果ともいえる。所得格差をなくそうとすれば、市場で得た所得が労働の代価を反映できなくなるおそれがある。

所得格差の拡大は、貧困問題に深刻的な拡大を招いたと結びつける議論はよくある。しかし、貧困問題の本質は社会の不平等によるもので、雇用手段を通じた所得水準の上昇は、貧困解決の有力な方法でもある。貧困を防ぐためのソーシャル・セーフティネット（SSN）は有効ではあるが、経済効率を高めれば所得格差が生じ、そして、拡大してから次第に縮小する。日本の所得格差拡大の要因は、まず正規労働者と非正規労働者の間で賃金格差が大きいことである。理論上では、「同一労働・同一賃金」の原則に基づけば、労働時間の調整による解決は可能である。次に、中央と地方の所得格差が大きいことである。これは、社会インフラ整備に伴った公共事業への投資の巨大化によるもので、結局は公共事業が誰のものであるかによって変わる。単純に労働移動によるだけでは解決できない。

3. 所得格差の拡大を防止する社会的変革

一九九〇年代以後、先進諸国では財政問題により、相次ぎ「小さな政府」を目指して構造改革が行われた。しかし、財政削減に伴う公共事業削減による失業を原因とする所得格差の拡大はそれほどではなかった。むしろ、所得格差拡大の原因は、経済停滞による長期的な雇用低下によるものと考えられる。

一般に、構造改革の目標は産業の生産性が向上することである。生産性の持続的な工場による景気拡大が実現できれば、雇用増加に繋がる。このような構造改革を持続することができれば、経済の効率性と公平性とを同時に高めることができる。

日本の所得格差の拡大を考える際、長期的に見る必要がある。ひとつは、一九七〇年代から所得格差の大きな高齢者層の、人口全体に占める比率が傾向的に高まることである。さらに、労働市場において規制緩和され、非正規社員が増加したことにより賃金格差が拡大した。労働市場の規制緩和は、バブル景気崩壊後の失業対策として考えると、合理的な面がある一方で、賃金格差が拡大したデメリットがある。加えて一九九〇年代以降、経済の長期停滞状態が続き、企業では多くの過剰雇用を抱え込んだ。

日本の雇用慣行は雇用保障と生活給付を基本とするため、正規労働と非正規労働の賃金格差が生じる原因となった。日本では内部労働市場が強く、外部労働市場からの参入はほぼ不可能である。賃金格差が固定化されており、低成長期における是正策として、働き方は多様化している。人口構造の少子化は、労働市場への参入など規制緩和が要求される。多様な働き方の機会を拡大させるための労働市場の規制改革は一種の制度保障となるため、同時に賃金格差の解消が期待できる。先進国だけでなく、発展途上国、アジア諸国においても働き方の多様化が進んでいる。とくに若年労働者の定着率が極めて低く、雇用形態の多様化が所得にもたらした影響は非常に大きい。もちろん、景気後退期において雇用形態の多様化が失業率の低下を防ぐ効果があるものの、所得格差が広がる面はマイナス効果でもある。

所得格差をどう見るか。個人が所得を得るのは市場経済においてである。労働市場における需給関係によって決まる。しかし、労働市場の公平さを保つために政府の介入が必要であるから、政府の政策が所得格差を大きく影響している。

社会における格差を見る際、人口構造の変化も見る必要がある。若年労働者層の賃金格差は小さく、年齢が上になるにつれ賃金格差は大きくなる。そこで人口の高齢化が進むと賃金格差の大きな年齢層のウエートが高まるため、賃金所得による所得格差への影響は大きくなる。

結果的に公的規制による所得再分配を通じて所得格差を解消する必要がある。一般に、累進所得税制度が利用されることが多く、あるいは社会保障を通じて低所得者の負担を軽減する。

一九九〇年代以後、世界的な新自由主義の影響でアジアでも自由化を求める動きがあった。経済の自由化は、実は効率性の追求だけでは寡占をもたらすおそれがある。中国やインドに関しては社会主義的経済制度が存在しているため、公平さを主眼においた経済体制はこうした自由化とは矛盾したところが随所に見られる。本来であれば、経済の自由化は単に資本取引の自由化だけではなく、労働の自由化をも意味する。一九九〇年代以来の世界的グローバル化やアジア通貨危機に照らしてみれば、いずれも資本取引の自由化は重要な役割を演じている。アジア的二重構造を解消するため、重要な目標の一つでもある農工間の要素移動を通じて、生産性格差の解消を目指した。そして、資本要素だけの移動は、雇用機会の分布より不均衡になりかねない。ここでは、直接投資による雇用に効果があるものの、投機性が強い投資、あるいは実体経済を伴わない投資行動には雇用効果が殆どないことに注意しなければならない。実は、一九九〇年代のアジアへの投資の大半は投機性投資であったとされる。

二〇〇七年、アメリカ発の世界金融危機（サブプライムローン）は、アジア経済に深刻な影響を及ぼした。アメリカはアジアの最大の海外消費市場であるため、消費財に関する生産企業が後退し、従事する低賃金労働者が失業を余儀なくされた。中国は国内市場の開拓により内需主導型の経済回復を遂げた。ほかのアジア諸国は、二〇〇八年世界金融危機の影響からの脱出に成功した。アジアの資本市場・貿易については、様々な障壁がある。とはいえ、資本市場における金融システムの脆弱性が露呈してしまった。一方、債務危機により欧州市場では不安が広がっていた。アジアは世界経済に左右され、自立的構造改革がもはや不可能となりつつある。良くも悪くも世界経済がアジア経済へ及ぼす影響は大きいという点が、改めて認識された。

現代経済において、大きな政府はできる限りなくし、小さな政府が望まれる。企業活動への介入は最小限度に留まるのが理想である。政府は、下支えや企業間における公平的競争ができるような環境づくりを目的としている。例えば、産業育成策の立案や実施などが政府の重要な任務でもある。工業化戦略とは、いわば一種の産業政策であるため、政府がすべての産業分野にわたって介入できるようにならないかと考えているのである。

一般に、利息調整による直接投資の形での設備投資の拡大は、生産規模の拡大あるいは縮小による雇用に影響する。しかし、企業の設備投資は単に利息に影響するだけではなく、社会経済の諸要素に影響し、しばしば経済は外部要素からの影響に強く左右されることがある。しかし、なぜアジア金融危機は大きく雇用に影響したのか。実は、現代金融システム、とくに金融商品のグローバル化があらゆる生産領域に浸透しているからである。単に生産代金の決済のような従来の金融の役割に代わって、金融が支配的地位にいると考えられる。生産・流通・消費・配分などの領域で役割を果たしている。

結論から言えば、設備投資が総需要の拡大に繋がっていることが重要である。アジア諸国では「資源動員型経済成長」を背景にした素材産業に力をいれ、輸出志向を目指すという発展戦略に適応するであろう。しかし、自然資源はいずれ枯渇するものなので、このような資源動員型経済成長は一時的には雇用効果があるものの、長期的にはあまり期待できない。中国やインド、そして韓国は、このような苦い経験をした。開発当初は、良質な労働力資源を背景に急速な経済成長を遂げたが、アジア通貨危機やリーマン・ショックなど経済の外部要素の変化により経済に打撃を受けた。非連続的外部ショックがアジア諸国の経済に影響した。いずれの国も失業率が急速に上昇し、雇用が悪化した。こうした国々の雇用システムの脆弱性だけではなく、資源動員型の経済成長は、実はその原動力となっていたのは先進国の巨大な消費市場なのである。自国の国内消費市場が形成されておらず、持続性を持っていなかったとも言える。そして、絶えず技術革新を行い、技術進歩を図り、イノベーション型経済成長を目指すべきだった。こうした労働集約的イノベーションの革命こそ、アジア諸国の雇用問題を解決するための糸口ではないかと考えられる(1)。

従って、アジア諸国では成長戦略を策定する際に、自国の自然資源・経済要素の賦存状況を考慮したうえで、技術開発という視点に置くべきではないかと思われる。しかし、今日の教育水準は未だ義務教育が普及していないのが現状であり、GDPに占める割合から見ても低水準で、技術的な社会的開発はむしろこれからとなっている。

二〇〇〇年以来、アジアでは中国・インドで高度成長が続いているが、それらの国を除けば、低成長が続き、経済成長の雇用創出効果が低下している。雇用機会の多様化が現れている。巨大労働力人口を抱える中国、インドに加えてインドネシアやフィリピンの失業率が高止まりして、雇用創出は大きな課題である。経済成長による雇用創出効果は、一般に雇用弾力性により説明される。雇用弾力性とは1%の経済成長が何%の雇用の増加をもたらすかを意味する。一九八〇年代から二〇〇〇年までの雇用弾力性を考察すると、経済成長が雇用増加に与える影響力は低下している。とくに、中国、フィリピンにおいては、経済成長と雇用増加で負の相関関係が見られるようになっている。そのなかで中国は、資本投資型の経済成長を背景に、製造業の雇用弾力性の低下が、特に顕著であり、雇用創出の機会を多様化させていくことが必要となっている。そして、雇用創出分野として、オフショアリング、（例えば、通販のコールセンター）や「輸出志向型サービス産業」（国連貿易開発機構〔UNCTAD〕）とも呼ぶべきこれらのサービス産業には雇用創出だけでなく、外貨獲得手段としても期待が集まる。また、国内雇用機会の縮小を補うために海外就労者を増やす、という選択肢も考えることができる。

注

（1）経済構造の脆弱性は、失業率を引き上げる可能性がある。また、外部要素の影響で雇用構造の脆弱性がさらされることになる。例えば、一九九七年のアジア通貨危機の影響でアジア諸国で失業率が急速に上昇したことは、その一例である。そこで、アジア諸国は「資源動員型成長路線」から脱却し、「イノベーション型成長」へと転換しなければならない。しかし、「イノベーション型経済成長」は、技術タイプにより雇用効果が限定的である。

第15章　アジア社会の構造変動とその展望

はじめに

アジア社会は経済の奇跡にしろ貧困危機にしろ、常に雇用問題と絡んでいることはなぜであろうか。今日、グローバル化によって競争の原理にさらされるアジアの未来を考えるために、本書で述べたアジア的「雇用なき成長」が長期間が続き、なかなか抜け出せない事実も見逃せない。経済学では基本の考え方は、資源制約と予算制約である。アジアでは労働力資源（または人的資源）が豊富かつ安価であり、どのようにして労働力が活用できるかがアジアの未来への鍵となる。それができなければ、巨大な過剰労働力人口がアジアにとっては大きな負担になるであろう。労働力の活用は、むしろアジア諸国に対する試されていない課題と言えるだろう。

グローバル化には光と影の両面がある。市場経済の導入により経済成長を遂げて、国民全体の所得水準が上昇した国や地域がある一方、そうでない地域は格差が拡大している。グローバル化による政府への影響は、政府の能力を制限する可能性がある。もう一つ大きな問題と考えられるのは、人間のアイデンティティーにかかわることである。一九六〇年代のアジアだけでなく、現在においても重要かつ切実な課題である。

グローバル化とは、それまで国と国との間を分けていた国境という障壁が低くなり、ヒト（労働力）、モノ（商品）、カネ（資金）と情報が国際的に大移動を始めることをいう。つまり、要素移動という意味で用いられている。一九九〇年代中頃、グローバル的資本移動がアジアに波及してしまったことが、一九九七年のアジア通貨危機の直接原因だと指摘されている。そこで、このような文脈でアジア経済と世界関係の関係や、これからアジアの少子高齢化社会における諸問題を議論していきたい。

1．経済グローバル化と地域間労働力移動

アジアでは日本の直接投資が巨大で、アジアの生産供給力をアップさせ、それに伴い雇用拡大ができた。それゆえ、一九九〇年、日本はバブル経済が終わって長期不況に陥った。長年バブル不況に喘いできた日本に対して、東南アジアの経済開発という動きは日本にとって景気回復のきっかけとなった。東アジアの対日依存度は非常に高いので、日本の経済拡大の機会となった。しかし、東南アジアは日本経済の補完関係から非対称の構造へと変化したといえる。とはいえ、日本は東南アジアにとって依然として重要な消費市場であることにも注意を払う必要がある。これは、日本のマージナル化現象といわれている。

中国は独自の試みとして社会主義市場経済と呼ばれる政治経済体制に移行した。ここで社会主義市場経済では、政治体制の変動は現時点まで生じていない。中国が、経済成長どころか飢餓や内戦、あるいは独裁者による個人支配に苦しんでいたことは、多くの人に知られているところである。つまり中国は、重工業優先政策の転換を設けざるを得なくなったことは雇用問題を如実に物語っているといえよう。

中国経済では成長減速と分配の行き詰まりに迫られている。基本的には、中国社会システム

に問題がある。問われるのは、社会基礎の根幹部分である。分配というシステムより、何を分配するかをはっきり決めなければならない。これは、所有制度に関わるものと思われる。今後、中国は高度成長を続けていく限りは、所得格差問題を解決しなければならない。所得格差の縮小傾向が見られないことは、基本的に所得に関する再分配という制度が機能していないことといえる。高成長といえども、高成長から安定成長へと変わる時点で所得格差が縮小し始める。そこで中国は、これまでの経済成長戦略をあらためるべきである。

中国は内需型の経済回復を遂げつつある。中国ないしアジアでは、良き産業育成策が求められる。そのほかにも大規模な梃入れ（てこいれ）が必要となってくる。アジア諸国は「雇用なき成長」を越えられるか、それとも雇用創出にならないかと考えられるようになっているのである。中国は世界との関係を絶って自給自足経済をめざした。失敗したものが成功したものの経験を見習うという相互学習がなされたのである。経済成長を目の当たりした中国が、いかに先進国と相互学習できるかを念頭に置かなければならない。

経済成長が所得の平等化に伴っていたこと、「平等化に伴った成長」とは「参加型の経済成長」ととらえることができる。そこで、人々の参加を促した要因は教育の普及、小農経営および中小企業の発達であった。

アジアの共通の目標として、経済的に豊かになること、民主化の成功（自由化）がある。何十年もの実践を経験した。しかし、目標にとどまってなかなか実現できない。アジア諸国が連鎖的に成功していった理由を考えるうえで一つヒントとなるのが、隣国の経験に学び合う「相互学習」である。つまり、そこに活路を見出した。欧州ではできなかったのに、なぜアジアで相互学習が実行されたのであろうか。相互学習を可能にした国家的な枠組みや国内政治経済の形はどんなものであろうか。

グローバル化の進展によりアジアの地域再開発が活発化したのは、一九九〇年代のことである。ＥＵ経済統合の影響が否定できないものの、アジア共同体の創設に関する議論が盛んになった。そのようななか、経済統合の動きが活発化した。一九九二年でASEAN自由貿易地域（AFTA）が創設され、その後オブザーバーとして日中韓を加えて、地域の再開発を主導してきた。多国間並びに二国間における自由貿易協定が関税免除などにより貿易拡大を図るという国際貿易の流れは、一九九〇年代のアジア経済に大きな影響をもたらした。そして一九九二年、アジア開発銀行が主導してメコン川流域（6ヵ国）総合計画が実施された。スキームないしプログラムが動き出していることとは、決して地域発展にプラスになるとは限らない。いずれにせよ、これによってインドシナの経済開発が新たな局面を迎えたといえよう。

2. 過剰労働から労働不足へ

高齢化社会では労働供給が不足していく。つまり、新規労働の減少により労働不足現象を起こしてしまう。しかし、不景気で企業が雇用を抑える可能性があるから、景気循環による失業率が高水準に達することもありうる。たしかに、生産人口の不足により労働力が不足することになる。完全雇用という目標達成からは、かえって遠のいてしまうのである。

世界的高齢化社会が進んでいるなか、とくにアジアにおいて高齢者の比率の増加が際立つ。そこで雇用規模でとりわけ高齢者の比例が高くなる。しかし若年失業率が高いなか、実現はなかなか難しそうである。むしろILO（国際労働機関）が提唱する「ディーセンワーク（働きがいのある人間らしい仕事）」のようなコンセプトに基づいて柔軟に対応する必要がある。

日本の高齢化率は23％（二〇一〇年）に達したが、とくに高齢化のスピードが速かった。わずか10年間（二〇〇〇―二〇一〇年）で社会が急速に高齢化した。日本は世界一の高齢先進国である。これに対し、フランスは126年、スウェーデンは85年、イタリアが61年、ドイツは40年であった。今後は、韓国や中国などアジア諸国が急速な高齢化の波にさらされる。

世界全体の高齢化率は二〇一〇年で８％、二〇五〇年には16％になる。途上国は、人口爆発と高齢化という課題に向き合うことになるであろう。世界の高齢者の65％は途上国に住んでいるが、二〇五〇年にはこれが80％になる。途上国の高齢化問題への関心は、急速に高まるであろう。

正統の経済学では、長期の需要不足は存在せず、生産拡大していくなか需要がますます作り出される。従って、生産が効率化すればするほど国民生活の質が高まる。しかし、現実の社会経済では、貨幣経済の発達により実体経済が弱くなっていることで、需要不足がつねに生じている。社会資本より人的資本への投資増加が必要となる(1)。

また、所得改善によるアジア諸国における死亡率低下が、先進国の経験したことのないペースで低下し、特に都市部でその傾向が顕著となることであろう。死亡率低下は雇用問題に拍車をかけ、人口構造の若年化ということでとくに新規労働が増え、労働市場が圧迫されることとなる。二〇〇〇年に入って、アジア諸国は相次ぎ高齢化社会に入っている。従属人口が増え続け、大きな扶養負担を背負いながら、経済発展に取り組まなければならないことになろう。

アジア諸国では、経済発展とともに都市部にインフォーマル部門が形成されている。相当数の若年労働人口が都市部のインフォーマル部門に滞在することは、工業発展の遅れや雇用調整ができないことを意味する。

3. アジアの近代化社会への再挑戦

世界経済は混沌としている。経済成長より財政再建に重きを置くなどして、各国が積極的に取り組んでいる。しかし、財政再建に伴う緊縮財政政策は、企業の生産活動が制限されることで雇用創出が一層厳しくなる。雇用情勢はますます「雇用なき成長」へと変わりつつある。そして世界経済では、かつての工業経済から、「知識経済」へと移りつつある。技術の進化がますます雇用機会を奪うのは現実でもある。いわゆる生態系（エコシステム）の経済の進展は、その一例である。そして、世界のシステムが複雑になるほど、さらに混沌としていくなかで、雇用という派生需要がいかに作り出されるかは決して楽観できない。むしろますます難しくなると言ってよい。

リーマン・ショックからすでに8年余り経っているにもかかわらず、米国は依然として高い失業率が続いている。中間所得層が失われつつあり、低所得層が厳しい雇用を強いられている。一九七〇年代から始まった長期間労働や女性の社会進出は、もはや限界に見える。そして消費低迷による企業投資活動が委縮している。最終的には雇用が創出されず、格差が拡大している一方、社会は階層化・貧困化が進んだだけとなっている。オバマ大統領は「製造業の復活」

政策を掲げている。雇用を増やし、雇用格差の是正による所得格差をなくそうとしている。しかし、製造業の製造ラインはロボットなどでオートメーション（自動）化されているので、多くの雇用機会が作り出されることは考えにくい。また企業の海外移転も進んでいるから、「製造業の復活」は米国国内ないし格差是正のための雇用機会を増やすことには疑問があると言わざるを得ない。むしろ限られた資金で新しい仕事をうまく見つけられる再雇用制度や、所得階層が低い人たちへの教育充実などに活用すれば、より平等的な社会を形成できるかもしれない。そして起業したスモールビジネスを支援し、ベンチャー企業への投資活動などを活発化させることである。この意味で、イノベーション（技術革新）は経済の成長にとってきわめて重要なものである。ここでは問われなければならないのは、経済は、だれかの利益が増えると、その分、別の人の損失が増えるということである。まさに経済学は、一種のゼロサム・ゲームなのである。まずは雇用格差を是正しながら雇用の平等化を実現することが、第一歩であろう。

世界経済において米国はアジア化し、アジアは米国化するのである。このようなグローバル化の結果は、アジアが米国に付随してしまう結果となっている。逆に考えれば、アジアは生産市場だけではなく、巨大な消費市場でもある。そして、生産活動の拡大による消費を振興させ、好景気循環の軌道を乗る可能性もある。市場との対話を通じてトレンド的利益を得るのは、アジアにとっては有益であることになろう。

金融危機後の世界は政治主導の時代に移行し、政治は正当な民意の反映と大衆迎合のポピュリズの間に揺れている。経済のグローバル化、市場化、金融化の反省期の現在は、市場迎合のポピュリズムにも警戒が必要である。現在、世界において、経済にしても雇用にしても単純な関係がなくなりつつあり、「調和」という関係をどうやって生むのか。これからの世界経済は「G2」(米中)時代になる。しかし、アジア全体の生活水準は格差が大きい。市場経済システムは決して開かれているとは言えず、いまも発展途上国であることは再確認しなければならない。

アジアはなぜ貧しいのか、経済面において弱いのか。需要より供給のほうが重要なファクターであったアジアは、供給側(生産側)のメカニズムを究明しなければならない。供給拡大は雇用拡大に繋がるという従来の人口学的考え方とは異なり、需要との連動が重要である。有効需要の不足が主に原因であるが、雇用調整ができないため、失業者がそのまま貧困者になる。そこで、SSNの再構築は緊急である。このような社会安全措置機能をもつ雇用システムが、検討に堪えるものでなければならない。近年は、アジアの経済成長や社会の問題もさることながら、雇用問題も多くの人の注目を集めている。アジアはこれまでに多くの経済成長の歴史を経験し、経済発展の実験場として数多くの政策や成長戦略を経験した。成功があれば失敗もある。一言で言えば、欧州モデルに翻弄されていたと言わざるを得ない。アジア的モデルは存在しているが、それを求めながら実践していくことが重要である。もちろん、日本の経済成功は否定できない。そして、アジアへの模範効果が評価されていることも事実である。だが、雇用問題の解決に向け数多くの試みがなされたにもかかわらず、アジアは依然として貧困状態に置かれている。要するに、アジアの巨大人口を抱えながら雇用問題を解決しない限り、アジア的な豊かな社会への実現は遠い。経済成長と相まって雇用創出ができるならば、それは可能となるかもしれない。

近年アジアでは、経済成長に伴い、一次産業まで含めた産業の高度化・重層化・高付加価値化が進んでいるが、雇用効果が薄い産業構造となっている。そして潜在的失業として延々と続いている。経済社会や主流的経済理論社会にも散発的に登場することから、どの人もこれらの潜在的失業と無縁ではない。そしてアジアの労働力市場が柔軟性を欠き、産業間における労働力配分ができないため、雇用調整は殆ど進んでいない状態である。

アジアはずっと昔から雇用不足に苦しんでいる。今日の混沌とする世界経済を見てみると、なかなか解決の糸口を見出せないのが経済理論の欠点としてあるかもしれない。さらにいえば、このようなアジアの雇用問題が「終わりの始まり」のように繰り返されることになっている。よって、このような豊富な経験材料の下で、いずれアジア的な雇用理論が誕生することは間違いない。現代社会が経済成長の達成を追求する一方で、そういう考えが国民的に共有されるかもしれない。しかし、経済成長につれて分業が進み、経済の効率性がアップした結果、働き方の多様性が求められている。これは人間が主体であること、現代雇用理論の精髄でもあることで明記すべきである。アジアは、これまでの実践をあらためて考える機会を雇用問題に与えてくれた。ここで述べた考え方が異端にならざるをえないのはしかたがないのである。そのような理想に近い雇用は、実現できれば社会が本当に豊かになる。しかし残念ながら、世界ではまだ多くの人が経済危機の影響をまともに受けている。

経済学理論から解釈すれば、働くことによって生産性の上昇に繋がり、また供給能力を強化することによって総需要が減るから、失業現象が発生するという考えである。失業は時々雇用不足現象と連鎖して発生するから、混同される場合がしばしば見られる。アジアはまさにこのような状況が混沌としている。現在、アジアの女性の社会進出が急速に進んでおり、従来の雇用問題がさらに複雑化されている。実は女性が労働市場に参加すると、その付加的労働効果は失業率が上昇するおそれがある。このような失業率の上昇に脆弱的なアジア社会が耐えられるかどうかが問題となる。

そしてアジアは雇用問題に対しても、欧州・米国などの教訓から学ばなければならない。米国も欧州も同じようにバブル（欧州危機・金融危機）が起きて崩壊、財政出動で穴埋めし、そのツケに苦しむ。最終的に失業率の急上昇となり、溢れた失業者が社会問題となっている。富裕層への増税は経済成長力へ影響するおそれがあるから、各国はより慎重となっている。共通の方法としては、労働力のコスト削減やリストラや企業再編である。いずれアジアは、新たに変化する雇用問題に対応せざるを得なくなっている。

グローバル化時代における市場が、奪い合いから分かち合いへと転換しつつある。これまでの市場は奪い合いばかりであったのに対し、これからは分け合いをしなければならない。なお、きたるべき時代は大競争（メガコンペティション）とも言われているから、産業化の進展につれて雇用調整という調整弁がさらに使用されるかもしれない。一九九一年、旧ソ連、東欧社会主義体制は崩壊し、資本主義・自由主義が勝利したことが記憶に新しい。それら諸国が未だ解決できない問題は、依然として雇用問題である。残念ながら、この点はアジアと同様である。

経済成長理論という視点からは、経済成長に伴う労働需要という派生需要が自然に生まれるものである。しかし一方、労働供給側と経済成長との関連が相関ではない。この点は50年間アジアの経済発展の歴史が証明している。アジアの近代化、経済成長、社会進歩を考えるうえで、雇用問題は避けて通れない。雇用問題は長く存在している。そしてアジアの雇用を論じる際に、経済発展論・労働経済論などはどうしても付加せざるを得ない。なぜであろうか。経済発展により、現代アジアは最貧困状態からの脱却に成功した。医療水準・所得水準の上昇により平均寿命も大幅に伸びた。だが、社会構造の転換による社会諸制度の整備が遅れているから、経済の同質化とは逆に所得の不平等が拡大している。

現代アジアが依然として貧しく、不平等化にしてきているに過ぎない。そのため、アジアの近代化に支障をきたしているというだけのことである。結局、混沌としながら進路を見出さないのが、アジアの現状である。どのようにすればよいか。伝統・共生・進歩をキーワードにすれば、より新しい局面がもたらされるかもしれない。しかし、現実は難しい。それが、おそらくアジアがなかなか近代化されない原因である。

単に、雇用問題が解決できればアジアが近代化する、という訳ではない。あくまでも雇用問題の解決は第一歩にすぎない。人口規模が大きく、人口構造の転換が速いということもある。たしかに産業構造・人口構造・雇用構造・社会構造などの転換過程において、様々なズレが生じることはしばしばある。失業率が低下し、完全雇用状態になるのは経済理論の予想である。一九三〇年代の世界的経済の恐怖で得た経験といえば、単純に市場に任せるのは非常に危ない。要するに、市場の暴走で制御できない場合がある。その後誕生したケインズ経済学が、政府による市場への介入を主張し始めたのである。そのなかで、積極的労働市場政策（AMLPs）は周知の通りである。しかし残念ながら、一九九〇年代に流行した新自由主義が、新たに市場の役割を再評価して市場万能主義を主張し、労働市場がうまく調整できれば雇用問題が解決できるという信条で、市場主義が横行している。しかし、社会的安全措置（安全網）が未整備の状態で、新たな貧困層あるいは格差社会が形成されていった。

世界は多様化しているどころか、アジアの個性は表れ尽くしていない。むしろ多様化の世界においてアジア独自の個性が失われつつある。人口資源の優勢性による社会的進歩は、未だ見られていない。

残念ながら、アジア金融危機やリーマン・ショックのようなマクロ的ショックを受けたとき、アジアの労働市場は機能しなかった。そして、雇用リスクに対する雇用保険や市場メカニズムの不備による所得分布の不公平等、あるいは構造的な貧困問題、ナショナル・ミニマム（national minimum）および生活環境水準についてはシビル・ミニマム（civil minimum）など、問題が相次ぎ現れた。幸いなことに、アジア的・伝統的な村落共同体や、家族・血縁内の相互扶助による社会的共通認識により重要な役割が果たされていた。そこで得られた教訓は大きい。

すなわち、マクロ的雇用・所得ショックに対して都市の労働者が農村に帰り、そこでの所得・雇用シェアリング・システムの下で一時的シェルターを得るというメカニズムである。これはおそらく社会政策の文脈による考え方ではあるが、経済・社会が外的ショックを防ぐ能力が弱い場合、このような機能は有効である。

一九五〇年代からのアジアの経済発展は、雇用問題が最初から軽視されていた。つまり、様々な工業化戦略も試みたわけではあるが、経済成長を優先して経済が成長していけば、労働需要が不断に作り出され、長期的には失業率が収斂していく。問題は、ここでいう長期は、あくまでも経済理論上での長期という概念である。そこで、本書の狙いは、これまで労働経済分野を専攻して得られた雇用理論への知見を総動員して、広くアジアの雇用に関連付けることであった。雇用創出と経済成長との関連に説いてみようとすることであった。いささか刺激的な、新たな見解が導き出せたのではないかと思いたい。

本書の内容はアジア全体を対象としたのではなく、経済発展過程において経済成長と雇用との関連を理論分析したうえ、SSN との関連も概観することであった。そして、雇用不足の原因を明らかにしながら、経済成長から雇用創出への可能性を展望した。本書を特徴づけるとすれば、おおよそ次のように整理されてよいであろう。まず諸経済理論を照らしながらアジアの経済発展歴史を踏まえて、経済成長につれて雇用の諸問題点を見出した。そして、できる限り理論的に解析しようとした。しかし、雇用問題が様々な分野と関わり、単純に経済発展から説明しきれない部分がある。「雇用なき成長」は経済構造・社会構造と密接に関連しているから、より綿密な検証が必要である。本書が分析の入り口になれれば幸いである。また SSN のような、人間の安全保障にも関わる重要問題は、単純に貧困という視点から捉えるだけでは不十分ではあるが、政府の役割も重要であり、市民社会においても「市民の力」が大きい。それにしても、少なくとも一つの考えとして議論が進めば幸甚である。

注

（1）一九六〇年（ノーベル経済学賞、シカゴ大学、ミュルツとベッカー教授）、人的資本理論における効率賃金仮説を提唱した。主に雇用創出のメカニズムに関して、経済学は、単に賃金を切り下げれば雇用を創出できるとするが、現実におけるそのプロセスは単純なものではない。特にアジア諸国の経済現状とは解釈できない。

主要参考文献

鳥居泰彦『経済発展理論』東洋経済新報社　一九九二年
榊原英資『インドアズナンバーワン』朝日新聞出版　二〇一一年
片山裕・大西豊『アジアの政治経済・入門』有斐閣ブックス　二〇一〇年
北原淳・西澤信善『アジア経済論』ミネルヴァ書房　二〇〇六年
高木雅一『東アジア論入門』大学教育出版　二〇〇一年
久保広正等『東アジア論入門』ミネルヴァ書房　二〇一一年
西口清勝『現代東アジア経済の展開』青木書房　二〇〇四年
佐藤百合『経済大国インドネシア』中公新書　二〇一二年
小野善康『成熟社会の経済学』岩波新書　二〇一二年
原洋之介『アジア型経済システム』中公新書　二〇〇〇年
朽木昭文・野上裕生・山形辰史『テキストブック開発経済学』有斐閣ブックス　一九九七年
末廣昭『キャッチアップ型工業化』名古屋大学出版会　二〇〇〇年
石上悦朗・佐藤隆広『現代インド・南アジア経済論』ミネルヴァ書房　二〇一一年
野口真・平川均・佐野誠『反グローバリズムの開発経済学』日本評論社　二〇〇三年
久保広正・田中友義『現代ヨーロッパ経済論』ミネルヴァ書房　二〇一一年
猪木武徳『経済学に何ができるか』中公新書　二〇一二年

梅棹忠夫『知的生産の技術』岩波書店F　一九六九年
高橋洋一『日本国の深層』講談社　二〇一二年
伊藤隆敏『インフレ・ターゲティング』日本経済新聞社　二〇〇一年
保阪正康『高度成長――昭和が燃えたもう一つの戦争』朝日新書　二〇一三年
出町譲『清貧と復興』文藝春秋　二〇一一年
宇沢弘文『経済学は人びとを幸福にできるか』東洋経済新報社　二〇一四年
浜京子『新・国富論――グローバル経済の教科書』文藝春秋　二〇一一年
吾郷健二『グローバリゼーションと発展途上国』コモンズ　二〇〇三年
エイミー・チュア『富の独裁者』光文社　二〇〇三年
トランヴァン・トウ『ベトナム経済発展論』勁草書房　二〇一〇年
ポール・クルーグマン『格差はつくられた』早川書房　二〇〇八年

■著者略歴
楊　世英（よう　せいえい）

1961年　中国吉林省長春市生まれ
1996年　金沢大学院社会環境科学研究科博士課程修了
現　在　東北学院大学教養学部教授
専門分野　中国経済論・中国社会経済学

『中国経済―経済成長と労働力移動―』新青出版（2007年）
『現代中国論―開発・格差・共生を手がかりに―』本の森（2008年4月）
『現代中国論―開発のフロンティア「昇龍」の光と影―』（改訂版）本の森（2008年10月）
『現代アジア経済論―「雇用なき成長」を超えて』昭和堂（2011年）
『なぜアジアは豊かにならなかったのか―終わりなき雇用危機』現代図書（2013年）

貧困克服の経済学
―グローバル化されたアジアの終わりなき挑戦―

2015年5月9日　第1刷発行

著　者　楊　世英

発行者　池上　淳
発行所　株式会社　**現代図書**
〒252-0333　神奈川県相模原市南区東大沼2-21-4
TEL　042-765-6462（代）　FAX　042-701-8612
振替口座　00200-4-5262　ISBN　978-4-434-20481-4
URL　http://www.gendaitosho.co.jp　E-mail　info@gendaitosho.co.jp

発売元　株式会社　星雲社
〒112-0012　東京都文京区大塚3-21-10
TEL　03-3947-1021（代）　FAX　03-3947-1617

印刷・製本　モリモト印刷株式会社